MARCO ⊕ POLO
BULGARIEN

*Fünf Symbole sollen Ihnen
die Orientierung in diesem Führer erleichtern:*

für Marco Polo Tipps – die besten in jeder Kategorie

für alle Objekte, bei denen Sie auch eine schöne Aussicht haben

für Plätze, wo Sie bestimmt viele Einheimische treffen

für Treffpunkte für junge Leute

(108/A 1)
*Seitenzahlen und Koordinaten für den Reiseatlas Bulgarien
(U/A1) Koordinaten für den Stadtplan Sofia im hinteren Umschlag
(O) außerhalb des Kartenausschnitts
Zu Ihrer Orientierung sind auch die Orte mit Koordinaten
versehen, die nicht im Reiseatlas eingetragen sind.*

*Diesen Reiseführer schrieb Magarditsch Hatschikjan,
der in Sofia geboren wurde, in Köln lebt und sich als Wissenschaftler
mit Osteuropa beschäftigt.*

*Die Marco Polo Reihe wird herausgegeben
von Ferdinand Ranft.*

MAIRS GEOGRAPHISCHER VERLAG

MARCO ⊕ POLO

Für Ihre nächste Reise gibt es folgende Titel dieser Reihe:

Ägypten • Alaska • Algarve • Allgäu • Amrum/Föhr • Amsterdam • Andalusien • Antarktis • Argentinien/Buenos Aires • Athen • Australien • Azoren • Bahamas • Bali/Lombok • Baltikum • Bangkok • Barbados • Barcelona • Bayerischer Wald • Berlin • Berner Oberland • Bodensee • Bornholm • Brasilien/Rio • Bretagne • Brüssel • Budapest • Bulgarien • Burgund • Capri • Chalkidiki • Chicago und die Großen Seen • Chiemgau/Berchtesgaden • Chile • China • Costa Blanca • Costa Brava • Costa del Sol/Granada • Costa Rica • Côte d'Azur • Dalmat. Küste • Dänemark • Disneyland Paris • Dolomiten • Dominik. Republik • Dresden • Dubai/ Emirate/Oman • Düsseldorf • Ecuador/Galapagos • Eifel • Elba • Elsass • Emilia-Romagna • England • Erzgebirge/Vogtland • Finnland • Flandern • Florenz • Florida • Franken • Frankfurt • Frankreich • Franz. Atlantikküste • Fuerteventura • Gardasee • Golf von Neapel • Gomera/Hierro • Gran Canaria • Griechenland • Griech. Inseln/Ägäis • Hamburg • Harz • Hawaii • Heidelberg • Holl. Küste • Hongkong • Ibiza/Formentera • Indien • Ionische Inseln • Irland • Ischia • Island • Israel • Istanbul • Istrien • Italien • Italien Nord • Italien Süd • Ital. Adria • Ital. Riviera • Jamaika • Japan • Jemen • Jerusalem • Jordanien • Kalifornien • Kanada • Kanada Ost • Kanada West • Kanalinseln • Karibik I • Karibik II • Kärnten • Kenia • Köln • Königsberg/Ostpreußen Nord • Ko Samui/Ko Phangan • Kopenhagen • Korfu • Korsika • Kos • Kreta • Kuba • Languedoc-Roussillon • Lanzarote • La Palma • Leipzig • Libanon • Lissabon • Loire-Tal • London • Los Angeles • Lüneburger Heide • Luxemburg • Madeira • Madrid • Mailand/Lombardei • Malaysia • Malediven • Mallorca • Malta • Mark Brandenburg • Marokko • Masurische Seen • Mauritius • Mecklenburger Seenplatte • Menorca • Mexiko • Mosel • Moskau • München • Namibia • Nepal • Neuseeland • New York • Niederlande • Nordseeküste: Niedersachsen mit Helgoland • Nordseeküste: Schleswig-Holstein • Normandie • Norwegen • Oberbayern • Oberital. Seen • Österreich • Ostfries. Inseln • Ostseeküste: Mecklenburg-Vorpommern • Ostseeküste: Schleswig-Holstein • Paris • Peking • Peloponnes • Peru/Bolivien • Pfalz • Philippinen • Phuket • Piemont/Turin • Plattensee • Polen • Portugal • Potsdam • Prag • Provence • Rhodos • Riesengebirge • Rocky Mountains • Rom • Rügen • Rumänien • Russland • Salzburg/Salzkammergut • Samos • San Francisco • Sardinien • Schottland • Schwarzwald • Schweden • Schweiz • Seychellen • Singapur • Sizilien • Slowakei • Spanien • Spreewald/Lausitz • Sri Lanka • St. Petersburg • Südafrika • Südamerika • Südengland • Südsee • Südtirol • Sylt • Syrien • Taiwan • Teneriffa • Tessin • Thailand • Thüringen • Tirol • Tokio • Toskana • Tschechien • Tunesien • Türkei • Türk. Mittelmeerküste • Umbrien • Ungarn • USA • USA: Neuengland • USA Ost • USA Südstaaten • USA Südwest • USA West • Usedom • Venedig • Venetien/Friaul • Venezuela • Vietnam • Wales • Washington D. C. • Weimar • Wien • Yucatán • Zürich • Zypern • Die besten Weine in Deutschland • Die tollsten Musicals in Deutschland

Die Marco Polo Redaktion freut sich, wenn Sie ihr schreiben: Marco Polo Redaktion, Mairs Geographischer Verlag, Postfach 31 51, D-73751 Ostfildern

Unsere Autoren haben nach bestem Wissen recherchiert. Trotzdem schleichen sich manchmal Fehler ein, für die der Verlag keine Haftung übernehmen kann.

Titelbild: Rila-Kloster (Anzenberger: Himmel)
Fotos: Anzenberger: Himmel (105); Baumli (26); Bilderberg: Madej (79); Jürgens (18, 57, 87); Lade: Andree (68); Mauritius: Au (47), von Knobloch (74), Witzgall (13, 30); K. U. Müller (8, 36, 73); Pictor International (4, 63); Schapowalow: Scholz (35); Schuster: Kummels (60), Postl (52), Scholz (21, 43, 49, 82), Tauqueur (32)

5., aktualisierte Auflage 2001 © Mairs Geographischer Verlag, Ostfildern
Chefredakteurin: Marion Zorn
Lektorat: Nikolai Michaelis
Gestaltung: Thienhaus/Wippermann (Büro Hamburg)
Kartografie Reiseatlas: © Mairs Geographischer Verlag

Printed in Germany
Gedruckt auf 100% chlorfrei gebleichtem Papier

INHALT

Entdecken Sie Bulgarien!

Prächtige Gebirge, weiße Strände und Kulturvielfalt
zwischen Orient und Okzident

Sand, Meer und Beton – das ist das Bild Bulgariens in den Reisekatalogen, namentlich das Bild der Schwarzmeerküste. Wer diese erlebt hat, kennt tatsächlich einen schönen und wichtigen Teil des Landes. Wer aber nur auf den vorgezeichneten touristischen Pfaden verharrt, dem wird viel Sehenswertes entgehen. Bulgarien ist nicht nur Schwarzmeerküste. Nach dem Umbruch im Jahr 1989 und der darauf folgenden Öffnung gilt es, Bulgarien neu zu entdecken – und zwar ganz Bulgarien.

Bulgarien ist ein »Land dazwischen«, natur- und kulturgeografisch ein Übergangsland zwischen Orient und Europa, was auch seine Geschichte und seine Gesellschaft mit geprägt hat. In dieser Übergangslage, die das Land in guten Zeiten zum Bindeglied machte, wurde Bulgarien zu einem bunten Sammelbecken unterschiedlicher kultureller und gesellschaftlicher Erscheinungen.

Die Natur hat es offensichtlich gut gemeint mit Bulgarien. Von Gebirgen durchzogen, dicht bewaldet und seenreich, dazu noch eine 378 km lange Meeresküste – ein nicht eben übermäßig großes Territorium von etwas mehr als 110 000 km², also weniger als ein Drittel Deutschlands, ist in reichem Maße mit landschaftlicher Schönheit und Vielfalt beschenkt worden. So hat es für ganz unterschiedliche Vorlieben etwas anzubieten, für Wasserratten, Skifahrer und Jäger ebenso wie für diejenigen, die einsam gelegene Gebirgsseen suchen, über dicht bewaldete Hänge von Dorf zu Dorf wandern oder sich einfach die Täler erradeln wollen. Entdeckernaturen vor allem werden immer Neues aufspüren. Außerhalb von den wenigen touristisch erschlossenen Gebieten wartet das Land geradezu darauf, in seiner Ursprünglichkeit kennen gelernt zu werden.

Abseits der touristischen Pfade hält das Land für den individuell Reisenden manche Herausforderung bereit. Im Normalfall werden es Autofahrer mit kyrillischen

Auch das Bačkovo-Kloster war, wie die anderen Klöster des Landes, maßgeblich an der Herausbildung und Bewahrung einer eigenständigen bulgarischen Kultur beteiligt

Buchstaben zu tun bekommen, sei es innerhalb der Stadt (Straßenschilder) oder außerhalb (Ortsbezeichnungen). Das Straßennetz im Landesinneren kann wahrlich nicht als dicht bezeichnet werden, in den Städten haben Veränderungen von Straßennamen auch bei den Bulgaren einiges an Verwirrung entstehen lassen, sodass man manchmal nur mit dem alten Namen weiterkommt. Die Hotels im Landesinneren entsprechen nicht westeuropäischen Standards, sie sind meist sehr einfach. Doch wer diese Herausforderung annimmt, wird fürstlich entlohnt werden: durch die Schätze der Natur und der Kultur, die dieses Land zu bieten hat.

Die Berge Bulgariens prägen das Land: Die gebirgigen und hügeligen Teile nehmen mehr als zwei Drittel der Landesfläche ein, die mittlere Höhe liegt bei 470 m über dem Meeresspiegel. Ein Blick auf die Landkarte zeigt, dass die naturräumliche Gliederung durchweg von Höhenzügen bestimmt wird. An erster Stelle steht natürlich der Balkan, der in westöstlicher Richtung auf einer Länge von fast 600 km das Land durchschneidet. Er bildet die Grenze zwischen den wichtigsten Landschaften und zugleich die Klimascheide zwischen dem kontinentalen, von der Donau geprägten nördlichen und dem mediterranen südlichen Teil Bulgariens. Die Bulgaren nennen den Balkan – das Wort stammt aus dem Türkischen und bedeutet »Berg« – fast ehrfurchtsvoll Stara Planina, zu Deutsch »altes Gebirge«. Und so häufig sich auch der Text der Nationalhymne im 20. Jh. wandelte, stets begann er mit den verzückten Worten über die »stolze« Erhebung des »alten Gebirges«.

Der Balkan baut sich aus drei deutlich unterscheidbaren Teilen auf. Am unwegsamsten ist der westliche Teil, der mit mehreren Zweitausendern eine Art Grenzgebirge gegen Jugoslawien bildet. An der Grenze zum mittleren Teil durchbricht der Iskâr als einziger Fluss in einem beeindruckenden Tal voller Schluchten das Gebirge. Am niedrigsten ist der »Kleine Balkan« im Osten, dort läuft er über das Eminsker Gebirge ins Schwarze Meer aus. Alpine Ausmaße und mit dem Gipfel Botev (2376 m) seinen höchsten Punkt erreicht er im mittleren Teil, doch auch hier erweckt er mit seinen Laubwäldern, den kleineren Hochflächen und den lang gestreckten Rücken eher den Eindruck eines relativ leicht zugänglichen und – mehr als 30 Pässe zeugen davon – durchlässigen Mittelgebirges.

Südlich des Hauptkamms und parallel dazu erstrecken sich einige niedrigere Gebirgszüge, das bulgarische Mittelgebirge, Sredna Gora, wörtlich übersetzt: »Mittelwald«. Zwischen dem Balkan und dem Mittelgebirge liegt eine Zone kleinerer Becken, in denen die geschützte Lage und das milde Klima Weintrauben und Rosen besonders gut gedeihen lassen. Die beiden mittleren, buchstäblich im Zentrum Bulgariens gelegenen Becken, die von Karlovo und Kazanlâk, sind auch unter dem Namen »Tal der Rosen« weltberühmt geworden. Im Mai und Anfang Juni, zur Zeit der Rosenblüte, steigt aus den Feldern des etwa 130 km langen Tales ein wirklich betörender Duft auf.

Bulgarisches Alphabet und Transkription

Bulgarischer Buchstabe		Trans-kription	Bulgarischer Buchstabe		Trans-kription
А	а	a	П	п	p
Б	б	b	Р	р	r
В	в	v	С	с	s
Г	г	g	Т	т	t
Д	д	d	У	у	u
Е	е	e	Ф	ф	f
Ж	ж	ž	Х	х	ch (oder h)
З	з	z	Ц	ц	c
И	и	i	Ч	ч	č
Й	й	j	Ш	ш	š
К	к	k	Щ	щ	št
Л	л	l	Ъ	ъ	â
М	м	m	Ю	ю	ju
Н	н	n	Я	я	ja
О	о	o			

â/ă – entspricht dem dumpfen Laut im englischen »the«;
c – wird wie das deutsche z gesprochen;
č – entspricht tsch;
dž – etwa wie in »Dschungel«
š – entspricht sch;
v – entspricht dem deutschen w;
z – entspricht dem stimmhaften s in »Rose«;
ž – etwa wie in »Journal«

Der Süden Bulgariens wird in seiner östlichen Hälfte von der Thrakischen Ebene, in seiner westlichen von der Thrakischen Masse geprägt, zu der als zentraler Gebirgszug die Rhodopen gehören. Im Westen schließen sich die Massive von Pirin und Rila an. Nadelwälder und Almwiesen, dicht bewaldete Sonnenhänge, malerische Dörfer und zahlreiche Sonderkulturen (Obst, Wein, Tabak, Baumwolle) in den geschützten Lagen der Täler verleihen den Rhodopen einen lieblichen und abwechslungsreichen Charakter. Viele Bulgaren halten diesen Teil ihres Landes für den schönsten.

Die höchsten Erhebungen finden sich in den beiden westlichen Gebirgszügen, darunter der 2925 m hohe Musala im Rila. Er ist nicht nur der höchste Gipfel Bulgariens, sondern der gesamten Südosteuropäischen Halbinsel. Hier liegen auch die – neben Pamporovo in den Rhodo-

Schäferin in den Rhodopen: Im gebirgigen Südwesten sind Schafe die wichtigsten Nutztiere

pen – bekanntesten bulgarischen Anziehungspunkte für Wintersportler: Borovec, Bansko oder Maljovica, die sich seit den Siebzigerjahren einer stetig steigenden Beliebtheit erfreuen. Im Pirin-Gebirge leben heute noch Bären, Wölfe und Wildkatzen. Zu seinem Namen verhalf ihm der slawische Donnergott Perun; der Legende nach soll er in Urzeiten hier gelebt haben.

Nur die nördlichen und die östlichen Grenzregionen des Landes haben ihr Antlitz nicht vornehmlich Gebirgen, sondern Gewässern zu danken. Nach Norden hin senkt sich der Balkan – ganz anders als sein steiler Abfall zum Süden – gemächlich über die Höhen seines Vorgebir-

ges auf die Donau-Platte, eine lössbedeckte Kalktafel, die von Westen nach Südosten leicht ansteigt und sich schließlich in einer Steilstufe 100–150 m über dem Strom erhebt. Die Donau bildet auf einer Länge von 480 km die natürliche Grenze zu Rumänien und ist der einzige schiffbare Fluss des Landes. In den trockenen Hochlagen werden großflächig Weizen und Mais angebaut – diese Zone wird als Brotkorb Bulgariens bezeichnet –, in den feuchten Tälern Obst, Gemüse und Wein. Im Osten bietet der Küstenstreifen am Schwarzen Meer ein buntes, abwechslungsreich gegliedertes Landschaftsbild. Bei einigen touristischen Zentren ist es gelungen, sie harmonisch in die Landschaft einzugliedern. Hier wechseln feinkörniger Sand und Felsklippen einander ab, neben Flach- und Dünenstränden tauchen immer wieder Steilabfälle auf, bewaldete Hänge ragen unmittelbar hinter, zuweilen geradezu über den Stränden auf. An den Ausläufern des Balkans gehen Weinberge und Meer fast ineinander über, in den Mündungsgebieten einiger Flüsse breiten sich Schilf und Seerosenfelder aus. Kurzum – alles andere als eine Monotonie in Sand, Wasser und Beton.

Auch das Klima gehört zu den natürlichen Reichtümern des Landes. Die Klimascheide ist der Balkan. Der Norden ist von strengen Wintern und heißen Sommern gekennzeichnet, zwischen denen ein kurzer Frühling und ein milder Herbst liegen. Im Süden hingegen herrschen unter dem Schutz des Gebirges mediterrane Bedingungen vor. Die mittleren Temperaturen des Januars fallen nicht unter den Gefrierpunkt, und der Sommer ist angenehm warm. In der Küstenregion übt das Schwarze Meer seinen mildernden Einfluss aus. In der Region von Varna liegen die Mittelwerte der Wintertemperaturen zwischen 3 und 6 Grad über Null, von Juni bis September ist auf angenehme, sonnige Zeiten Verlass (mittlere Temperaturen zwischen 20 und 24 Grad). Zum Süden hin steigt im Sommer die Hitze an, ohne aber irgendwo unerträglich zu werden. Der Herbst ist durchgängig milder als der Frühling.

Auch diejenigen, die sich in erster Linie der Kultur widmen wollen, werden einer Fülle von Schätzen begegnen, wenn sie das Landesinnere besuchen. Beeindruckende Überreste aus der römischen und vor allem aus der thrakischen Zeit finden sich im Süden, Zeugnisse der mittelalterlichen Reiche und der »nationalen Wiedergeburt« im 18. und 19. Jh. vornehmlich im Osten, im Südwesten und den Balkan entlang. Allerdings hat das spezifische Verständnis von der eigenen »Nationalgeschichte« hier die Vielfalt ein wenig gedämpft: Ob am thrakischen Grabmal in Kazanlâk, am großen Mosaikboden einer römischen Villa aus dem 4. Jh. in Stara Zagora, an den ausgegrabenen bzw. rekonstruierten Teilen der früheren Hauptstädte Pliska und Preslav oder in einem der historischen Museen – die erhaltenen Altertümer dienen allein dem Zweck, die Größe der bulgarischen Kultur zu dokumentieren. Die auf heutigem bulgarischem Territorium von anderen Zivilisationen hinterlassenen Errungenschaften werden

mit großer Selbstverständlichkeit in die eigene Nationalgeschichte heimgeholt. Man wird viel über die großen Zeiten der Thraker, des Ersten und des Zweiten Bulgarischen Reiches im Mittelalter und am meisten über den Beitrag der nationalen Wiedergeburt im 18. und 19. Jh., den letzten beiden Jahrhunderten unter türkischer, das heißt osmanischer Herrschaft, erfahren. Diese Bewegung rief zur Besinnung auf die eigenen kulturellen Traditionen auf, focht für eine eigenständige bulgarische Kirche und trug schließlich zum politischen Widerstand gegen die osmanische Herrschaft bei.

Alles andere figuriert bestenfalls am Rande. Von den Zeugnissen der islamischen Baukunst haben sich nur einige wenige Prestigeobjekte wie die Tombul-Moschee in Šumen einer anhaltenden Fürsorge erfreuen können, und die Stadtkerne waren schon bald nach der Ausgliederung aus dem Osmanischen Reich 1878 von den »türkischen Elementen« befreit.

Umso umfangreicher ist das Angebot an Sehenswürdigkeiten, die die Bulgaren für die älteren und jüngeren Wurzeln ihrer Kultur halten. In fast jeder größeren Ortschaft befindet sich ein historisches, archäologisches oder ethnografisches Museum, und bei einem Bummel wird man an dieser Ecke auf ein restauriertes Haus aus dem 19. Jh. stoßen, an der nächsten auf das Geburts- oder spätere Wohnhaus eines Revolutionärs aus derselben Zeit, an der dritten auf die Statue eines bekannten Dichters wieder aus der Periode der nationalen Wiedergeburt. Zwischendurch stechen dann immer wieder Gebäude ins Auge, die wegen ihrer Klobigkeit leicht in die sozialistische Ära eingeordnet werden können, als sie zum Ruhme der sowjetischen Armee und der bulgarischen Kommunistischen Partei über das ganze Land ergossen wurden. Doch die Pflege der älteren und jüngeren Kulturwurzeln hat nach 1989 gelitten: Auf die sozialistische Ära blickt man mit Verachtung, für die Erhaltung der anderen zahlreichen Kulturdenkmäler fehlt das Geld.

Doch ein Besuch der kleineren historischen Museen lohnt, da sie meistens den Beitrag der betreffenden Ortschaft oder Region zur bulgarischen Geschichte, den Alltag und die kulturellen Traditionen auf dem Lande anschaulich dokumentieren. Leider liegen fremdsprachige Erläuterungen äußerst selten vor, und vor allem außerhalb der Urlaubssaison hilft bisweilen nur viel Geduld, die verschlossene Museumstür zu öffnen.

Allein eine Reise wert sind die Welt der Klöster und der Kreis der Museumsstädte, eine Reihe von Ortschaften oder Städteteilen, die unter Denkmalschutz stehen. Die bulgarischen Klöster sind Ausdruck einer einzigartigen Verbindung von Natur, Kultur, Religion und Geschichte. Ihre Funktion ging schon immer über das Kirchlich-Religiöse hinaus. Nachdem die Bulgaren im 9. Jh. das Christentum angenommen hatten, begann man mit den ersten Bauten; vom frühen 10. bis tief in das 19. Jh. hinein blieben die Klöster Zentren des geistigen und kulturellen Lebens, Tempel der Bildung und Kunst, in schweren Zeiten immer auch Mittel-

punkte des politischen Kampfes. Aus den Klöstern ging das altbulgarische Alphabet, die Grundlage der kyrillischen Schrift, hervor. Die bedeutendsten Schulen der Literatur, der Architektur, der bildenden Künste, der Holzschnitzerei hatten hier ihren Ursprung. Im Kloster wurde die erste bulgarische Nationalgeschichte geschrieben.

Je nach äußeren Bedingungen verlagerten sich die Schwerpunkte in der Funktion der Klöster, stets aber blieben sie eng mit der kulturellen und politischen Geschichte der Bulgaren verbunden. Sofern ein eigenes Staatswesen existierte, also während des Ersten und des Zweiten Zarenreiches, oblag es ihnen, die Grundlagen der Kultur zu schaffen und sich ihrer Verbreitung und Festigung zu widmen. In den langen Perioden der staatlichen Unterwerfung der Bulgaren stellten sie geistige, kulturelle und politische Bollwerke dar, zunächst, im 11. und 12. Jh., gegen Byzanz, später, vom 14. bis zum 19. Jh., gegen das Osmanische Reich. Vor allem in den beiden letzten Jahrhunderten der osmanischen Herrschaft waren die Klöster vom nationalen Geist durchtränkt. Sie boten nicht nur Zuflucht, sondern griffen aktiv in die politischen Kämpfe der nationalen Wiedergeburt ein; manche Rebellion gegen die Türken nahm ihren Ausgang im Kloster. So wandert denn der Besucher heute beim Rundgang durch die Klöster gleichsam en passant durch neun Jahrhunderte geistiger, politischer und kultureller Geschichte der Bulgaren.

Ein weiteres Merkmal der Klöster, das sich auch im Innern

fortsetzt, ist ihre Einbettung in die und ihre Verbindung mit der Natur. Da fast alle Klöster schutzeshalber in schwer zugänglichen Gebirgslagen gebaut wurden, ist für eine landschaftlich reizvolle Umgebung gesorgt. Hinzu kommt, dass sich die Baumeister durchweg an die Geländeformen gehalten haben: Die Klöster ragen nicht in die Landschaft hinein oder aus ihr heraus, sie gehören wie selbstverständlich dazu. In der Zeit der nationalen Wiedergeburt, in der viele Klöster umgebaut wurden, war das Prinzip der »zweifachen Gestaltung« bestimmend: außen massive Festungsmauern, innen eine aufgelockerte, offene Komposition von Galerien, die den Hof umgeben. So wirken sie denn schroff und abweisend nach außen, innen aber gemütlich, einladend und gastlich. Viele Innenhöfe bilden fast genaue Kopien der einfachen Bauernhäuser in der betreffenden Region. Die Geschlossenheit der Baugruppen, die Suche nach einer einheitlichen, einmaligen Silhouette für jedes Kloster, die Harmonie der Bauten mit den natürlichen Farben – all dies hat den Klöstern eine gemeinsame Schönheit verliehen, ohne ihnen die Individualität zu nehmen. Zwei Anlagen sollten wegen ihrer herausragenden Bedeutung und ihrer Schönheit unbedingt zum Bestandteil eines Bulgarienaufenthaltes gehören: das Rila- und das Bačkovo-Kloster.

Das zweite Prunkstück im Kulturangebot des Landes, die Ortschaften und Stadtteile unter Denkmalschutz, führt uns in das 18. und 19. Jh. zurück und erlaubt uns, eine Vorstellung von der Architektur, der Kunst und dem Alltag der Bulgaren in jener Zeit zu erhalten. Steile, enge Gassen führen zu hohen, schweren Holzpforten mit schmiedeeisernen Klinken, Schlössern und Angeln. Dahinter erstrecken sich Höfe mit üppiger Blumenpracht, in denen Häuser mit Wandverzierungen, holzgeschnitzten Dachgesimsen und verspielten Erkern zum Eintritt einladen. Drinnen fällt das Auge auf bunte Teppiche und Hirtendecken, satte Holztruhen, viel Kupferwerk und immer wieder auf wunderschöne holzgeschnitzte Zimmerdecken, in denen häufig die Sonne als Motiv wiederkehrt. Alte Traditionen, die Handwerke und die Kunstgattungen lebten in der Periode der nationalen Wiedergeburt mit der Rückbesinnung auf eigene Wurzeln wieder auf. Einiges von dem Glanz dieser Zeit hat man durch die Museumsstädte am Leben erhalten können.

Im Unterschied zu den Klöstern sind diese Ortschaften unter Denkmalschutz nicht über das ganze Land verteilt, sondern konzentrieren sich in einigen Regionen. Der größte Teil davon befindet sich in Zentral-Bulgarien. In der Umgebung von Veliko Târnovo ist eine Reihe von Siedlungen weitgehend erhalten: aus dem 17. (Arbanasi) oder aus dem 18. und 19. Jh. (Trjavna, Boženci, Šeravna). In Koprivštica, zwischen Sofia und Plovdiv gelegen, ist der Plovdiver Holzbarock unversehrt geblieben. Eine Besonderheit stellt das Freilichtmuseum Etâra dar. Hier wurden in den Sechzigerjahren des 20. Jhs. Werkstätten und Wohnhäuser getreu den Vorbildern aus dem

18. und dem 19. Jh. errichtet, wobei für die meisten Vorrichtungen und Werkzeuge restaurierte Originale verwendet wurden. An der Schwarzmeerküste sind mit Nesebâr und Sozopol zwei Perlen der Holzbaukunst der Wiedergeburtsarchitektur erhalten geblieben.

Auf den ersten Blick weit weniger anziehend wirken die heutigen Großstädte. Tatsächlich hat Bulgarien weder eine Metropole, die diesen Namen auch verdiente, noch eine Reihe urbaner Zentren, die bei Städtereisenden Entzückung hervorrufen würden. Alles andere wäre auch erstaunlich. Denn die Großstädte sind nicht über Jahrzehnte hinweg stetig und natürlich gewachsene, sondern binnen kurzer Frist ins Kraut geschossene Gebilde. Ein kleiner, zu erlaufender Kern, von dessen Ursprüngen einiges weichen musste, und drumherum eine geballte Ladung zumeist höchst unansehnlicher Wohnblocks – man merkt den »Großstädten« auf Schritt und Tritt an, dass es sich bei ihnen im Grunde genommen um mittlere Ortschaften handelt, die eine rasche Industrialisierung künstlich, aber wenig kunstvoll aufgebläht hat. Ihre Einwohnerzahl hat sich gegenüber den Dreißigerjahren des 20. Jhs. durchweg verfünffacht. Hinzu kommt, dass auch die Stadtkerne in den vergangenen 150 Jahren einiges über sich ergehen lassen mussten. War ihr Gesicht schon in der osmanischen Zeit verändert worden, so entledigten sich die Bulgaren ihrerseits nach 1878 vieler türkischer Insignien. Was an Charme übrig blieb oder in der Zeit zwischen 1878 und 1945 neu entstand, geriet dann zwischen die Mühlsteine der sozialistischen Ära. Enteignungen, andere politisch motivierte Missgriffe, Umweltschäden, finanzielle Nöte und auch ein gerüttelt Maß an Schlamperei haben deutliche Spuren hinterlassen – die wenigen Prestigeobjekte bestätigen als Ausnahme die Regel.

Allerdings hat sich im vergangenen Jahrzehnt schon durchaus einiges getan: Neue oder neu-alte Eigentümer haben sich der Restaurationsarbeiten angenommen, die Gemeinden der Entfernung der hässlichsten Ungetüme des sozialistischen Monumentalismus, die Städteplaner suchen den Weg zu einer harmonischen Verbindung von Mensch, Natur und Architektur. An einzelnen Stellen lässt der aufblinkende Glanz erahnen, dass von den am längsten gewachsenen Stadtkernen in Zukunft einige Faszination ausgehen kann: Das gilt vor allem für Plovdiv und Ruse, auch für Teile von Veliko Târnovo (wenngleich hier viele Häuser vor dem Verfall nicht mehr zu retten sein werden) und für Teile von Sofia, vielleicht auch für die Altstadt von Varna. Gewiss wird hierfür einige Zeit vonnöten sein. Bis dahin werden Bulgariens Großstädte durch die Spannung anziehen, die ihren Charakter und ihre Situation kennzeichnet: irgendwo zwischen Urbanität und Ländlichkeit, Vergangenheit und Moderne, Verfall und Restauration.

Die Bulgaren sind über alle Maßen stolz auf ihre Geschichte. Sie verweisen gerne und häufig darauf, dass das altbulgarische Alphabet die Grundlage der slawischen Schriftsprachen geliefert habe. Spötter meinen daher, dass Russisch eigentlich nichts anderes als ein Dialekt des Bulgarischen sei. Auch die frühe Reichsgründung Ende des 7. Jhs. wird als Beleg für eine lange und große Traditionslinie angeführt. Im Jahr 1981 feierte man sie unter sozialistischer Ägide und dem Titel »1300 Jahre Bulgarien« – hier wurde eine Kontinuität behauptet, die in der Wirklichkeit schlichtweg nicht vorhanden war.

Auf dem heutigen bulgarischen Territorium lebten ursprünglich illyrische Stämme, unter denen die Thraker die bekanntesten sind. Ab dem 6. Jh. kamen slawische Stämme hinzu, die wie auf dem ganzen Balkan bald die Vorherrschaft übernahmen. Sie assimilierten die verbliebenen Thraker ebenso wie die zu den Turkvölkern gehörenden, ursprünglich in Westsibirien siedelnden und später in die Donauebene eingewanderten Protobulgaren. Ende des 7. Jhs. formierte sich der erste slawisch-bulgarische Staat.

Die Existenz und die zeitweilige Ausdehnung der beiden mittelalterlichen Zarenreiche haben spätere Vorstellungen von der »nationalen Größe« nachhaltig geprägt, obwohl sie mit dem Nationalstaat, wie wir ihn heute kennen, nichts gemein haben. Das erste bulgarische Reich mit den Hauptstädten Pliska und später Preslav währte vom Ende des 7. bis Anfang des 11., das zweite mit der Hauptstadt Târnovo vom Ende des 12. bis Ende des 14. Jhs. In den erfolgreichsten Perioden ihrer Ausbreitung dominierten sie die Balkanhalbinsel. Im Laufe der Zeiten gehörten neben Bulgarien Serbien, Montenegro, Makedonien und Albanien, große Teile Rumäniens, die nördliche Hälfte Griechenlands und ein kleines Stück von der europäischen Türkei sowie ungarische, bosnische und herzegowinische Gebiete dazu. Die Erinnerung daran, was alles einmal in den Grenzen der Zarenreiche umfasst gewesen ist, ist beharrlich gepflegt worden.

Keine Bettenburg: kleine Häuschen für die Gäste in Djuni am Schwarzen Meer

Beide Zarenreiche verfielen und mussten einem mächtigeren Nachbarn weichen. Das Land gehörte für fast zwei Jahrhunderte zum Byzantinischen Reich, danach für fast 500 Jahre zum Osmanischen Reich. Die osmanische Periode (14.–19. Jh.) war für die Bulgaren die »Zeit unter türkischem Joch«. Im Bestreben nach geistiger, kultureller, letztlich auch nach politischer Selbstbehauptung formierte sich dann ab der zweiten Hälfte des 18. Jhs. eine Bewegung, die als »nationale Wiedergeburt« in die Geschichtsbücher eingegangen ist. Für die Realisierung eines eigenen Staates sorgte der Ausgang des Russisch-Türkischen Krieges von 1877/1878. Durch den Berliner Vertrag von 1878 wurde Bulgarien aus dem Osmanischen Reich ausgegliedert, blieb aber zunächst noch ein dem Sultan tributpflichtiges Fürstentum.

Der bulgarische Staat, wie wir ihn heute kennen, ist also nicht viel mehr als 100 Jahre alt. Von der Staatsgründung bis Ende des Zweiten Weltkriegs herrschten drei Monarchen (Fürst Alexander von Battenberg, Zar Ferdinand von Sachsen-Coburg und Gotha und dessen Sohn Boris III.) mit relativ milder autokratischer Hand.

In den beiden Weltkriegen wählte es mit Deutschland die am meisten bietende und zunächst auch erfolgsträchtiger erscheinende Allianz, um sich schließlich an der Seite der Verlierer wiederzufinden. Die Kommunistische Partei, die nach einem missglückten Putschversuch 1923 in den Untergrund hatte gehen müssen, bildete 1942 die »Vaterländische Front« und kam in einem Staats-streich 1944 an die Macht, als sowjetische Truppen das Land bereits besetzt hatten. 45 Jahre lang bestimmte danach die mit der Sowjetunion verknüpfte Kommunistische Partei die Geschicke des Landes. Bis 1948 liquidierte sie alle oppositionellen Parteien. Die rasche Industrialisierung, die Kollektivierung der Landwirtschaft, anfangs offen terroristische und später polizeistaatliche Formen der Unterdrückung und die Unterwerfung aller Bereiche der Gesellschaft unter die jeweiligen Bedürfnisse der Monopolpartei veränderten die sozialen, wirtschaftlichen und kulturellen Bedingungen von Grund auf. Lange Zeit galt Bulgarien als der treueste Vasall der Sowjetunion, und trotz einiger Eindämmung der allerschlimmsten Auswüchse seit Beginn der Sechzigerjahre blieb es innenpolitisch gesehen in der Kategorie der unerbittlichen und veränderungsfeindlichen sozialistischen Regime.

Als Michail Gorbatschow in der Sowjetunion auf Reformkurs ging, rückte der seit 1954 an der Spitze der bulgarischen KP stehende Todor Schivkov von dem einstigen großen Bruder ab. Diese Haltung war ein wesentlicher Grund für seinen Sturz im November 1989. Das Ende Schivkovs läutete zugleich das Ende der Einparteiherrschaft ein. Ende 1989 und Anfang 1990 formierten sich neue, nicht- und antikommunistische Organisationen, die Kommunistische Partei entledigte sich der treuesten Schivkov-Anhänger und taufte sich zur Sozialistischen Partei um. Im Sommer 1990 wurde der prominenteste Vertreter der Opposition Schelju Schelev zum Staatspräsidenten gewählt. Dennoch blieb die politische Lage labil und wechselhaft. Es kam mehrfach zu Regierungswechseln, die Sozialistische Partei wurde zweimal von dem antikommunistischen Dachverband Union der Demokratischen Kräfte abgelöst, der jetzt mit Petâr Stojanov den Präsidenten und mit Ivan Kostov den Ministerpräsidenten stellt. Organisatorische Spaltungen, verheerende Misswirtschaft, hartnäckiges Blockdenken und die Dispute über die Vergangenheit laden das politische Klima immer wieder auf, wenn sich auch die Lage in jüngster Zeit etwas stabilisiert hat.

Das Land hat wie alle ehemaligen sozialistischen Staaten mit vielen Problemen zu kämpfen. Starke Produktionsrückgänge, der Verlust vieler Absatzmärkte, wachsende Inflation und Arbeitslosenzahlen, damit verbunden eine wachsende Armut unter einem erheblichen Teil der Bevölkerung und immer deutlicher zu Tage tretende Umweltprobleme bereiten Sorgen und rufen Unsicherheiten hervor. Hinzu kommt, dass das Verhältnis zwischen den größten ethnischen Gruppen einige Reibungen auslöst.

Wie sehr sich Bulgarien im Umbruch befindet, merkt man am sozialen Alltag, wo sozusagen drei Perioden miteinander koexistieren: ganz alte Traditionen, die sich auch über die sozialistische Ära gerettet haben oder hier noch verstärkt worden sind, Gewohnheiten aus der sozialistischen Zeit, die die Wende überdauert haben, und ganz neuartige Tendenzen. Zu den Letzteren gehören die Erscheinungen, die die politische und wirtschaftliche Wende unmittelbar herbeigeführt hat: Unsicherheiten über den Arbeitsplatz, Initiativen zur Schaffung einer neuen Existenz, der Kampf ums tägliche Auskommen – insgesamt ist das Leben deutlich schneller und hektischer geworden. Bei den Jugendlichen in den Städten hat sich die westliche Pop- und Jeanskultur, die sich schon in der Spätphase des Sozialismus ausgebreitet hatte, vollends durchgesetzt. Das macht sich in der Musikszene bemerkbar, wo von Heavy Metal bis Hip-Hop alles vertreten ist, aber auch in der Mode und ersten Gruppenbildungen nach westlichen Mustern. Die Jugend ist insgesamt freier, offener und selbstbewusster geworden. Zu den offensichtlich unvermeidlichen Folgen dieser Entwicklung zählt aber auch die an einigen offenen Plätzen (z.B. im kleinen Park vor dem Kulturpalast in Sofia) und in bestimmten Diskos unübersehbare Expansion des Drogenhandels und -konsums.

Das bringt auch Spannungen für eine Institution mit sich, die in Bulgarien nach wie vor eine dominierende Rolle spielt – die Familie. Zwar setzte schon in den Sechzigerjahren ein deutlicher Trend zur Einschränkung der Kinderzahl ein, der bis heute anhält, sodass faktisch ein Kind zur Regel geworden ist. Auch brachten Industrialisierung und Landflucht die traditionelle Großfamilie ins Wanken, was überdies zu einer Entleerung vieler ländlicher Gebiete geführt hat. Dennoch sind die Familienbande insgesamt weit enger geblieben als in den wirtschaftlich gut entwickelten Regionen Westeuropas. Nach wie vor sind drei Generationen in einem Haus oder einer Wohnung keine Ausnahme. Das

Geschichtstabelle

681–1018
Erstes Zarenreich; größte
Ausdehnung unter Simeon I.

863
Erstes slawisches Alphabet,
Begründung der slawischen
Schriftsprache durch
die Mönche Kiril (Kyrill)
und Metodij (Method)

865
Christianisierung durch Boris I.

1018–1185
Byzantinische Herrschaft

1185–1396
Zweites Zarenreich

1396–1878
Osmanische Herrschaft, Christen
unterstehen dem Patriarchen von
Konstantinopel

ab 1762
»Nationale Wiedergeburt«:
Bestrebungen nach kultureller
und kirchlicher Selbstständigkeit;
ab Mitte des 19. Jhs. formiert
sich eine nationalrevolutionäre
Bewegung

1876–1878
Aprilaufstand der nationalen
Bewegung wird niedergeschla-
gen (1876); Russisch-Türkischer
Krieg (1877–1878); 1878 wird
Bulgarien aus dem Osmanischen
Reich ausgegliedert

1879
Fürstentum Bulgarien,
Verfassung von Târnovo; erster
Fürst Bulgariens: Alexander von
Battenberg (bis 1886)

1887
Ferdinand von Sachsen-Coburg
wird Fürst von Bulgarien

1908
Ferdinand erklärt die
Unabhängigkeit Bulgariens
und wird Zar (bis 1918)

1912–1913
Balkan-Kriege

1915
Eintritt in den Ersten Weltkrieg
auf Seiten der Mittelmächte

Oktober 1918
Zar Boris III. (bis 1943)

1941
Eintritt in den Zweiten Weltkrieg
auf deutscher Seite

September 1944
Sowjetische Truppen besetzen
das Land; Staatsstreich der KP

1989
Ende der Einparteiherrschaft;
neue politische Parteien entstehen

1990
Erste freie Wahlen; Schelju
Schelev wird Staatspräsident

1991
Erste nicht sozialistische
Regierung seit 1944

1994
Sozialistische Partei gewinnt die
Wahlen

1997
Union der Demokratischen
Kräfte gewinnt die vorgezoge-
nen Neuwahlen

hat ein wenig mit der Tradition als Agrarland zu tun, häufiger aber noch mit schlichten Erfordernissen des Haushaltsbudgets oder mit den Grenzen, die die Wohnungsnot zieht. Geheiratet wird immer noch relativ früh (wer unverheiratet auf die 30 zugeht, gilt als ein wenig abstrus), geschieden wird weiterhin relativ häufig. In der normalen bulgarischen Familie sind die Rollen recht präzise verteilt: der Mann für das Handwerkliche, oft auch für den Garten samt Wein- und Schnapsproduktion, die Frau für die Küche und die Organisation des Alltags. Trotzdem ist die Rolle der Frau keineswegs eindimensional. Für die große Mehrzahl der bulgarischen Frauen gehören Bildung, Ausbildung und Berufstätigkeit seit langem zu den Selbstverständlichkeiten ihres Lebens. Zwar spüren sie oft genug die Doppelbelastung, aber sie nehmen sie mit einem bewundernswerten Selbstbewusstsein auf ihre Schultern. Irgendwie schaffen es die meisten, zwei dem Anschein nach sehr widersprüchliche Elemente in sich zu vereinen – die traditionelle Rolle und die autonome Persönlichkeit.

Geselligkeit wird bei den meisten Bulgaren sehr groß geschrieben und findet im Umkreis ihrer Freundinnen und Freunde vornehmlich zu Hause statt. Drei Anlässe werden landesweit üppig begangen – die Hochzeit, die Verabschiedung der Abiturienten und die Abreise zum Militärdienst –, aber auch bei anderen Gelegenheiten biegen sich die Tische unter Speis und Trank.

Die Bulgaren gehen auch gern aus – für gewöhnlich zum Bummeln, auf eine Tasse Kaffee, ins Kino, ins Theater oder in die Oper. Relativ viele Familien in den Städten haben sich über die Jahre auch eine Datscha, ein kleines Häuschen, im Grünen oder gar im Gebirge zugelegt, wohin sie sich am Wochenende oder in den Ferien zurückziehen.

Es ist allerdings nicht zu übersehen, dass die gravierenden ökonomischen Probleme in den vergangenen Jahren zusehends deutlichere Spuren hinterlassen haben. Viele Bulgaren haben ihre Heimat verlassen, noch mehr sehen sich einer geradezu beängstigenden wirtschaftlichen Lage gegenüber. Einige haben mit schier unglaublicher Phantasie aus der Not eine Tugend gemacht und umfunktioniert – die Garage zur Zahnarztpraxis, das Wohnzimmer zum Besprechungsraum für die Klienten des Rechtsanwalts, die Holzkiste zur Grundlage einer fliegenden Buchhandlung. Aber für viele Menschen, vor allem für die Älteren, war der Preis für die Veränderungen enorm hoch: ein verheerender wirtschaftlicher Niedergang, allgemeine Verunsicherung, eine sich ausbreitende Kriminalität. Immerhin: Wenn man sich in der Nachbarschaft Bulgariens umschaut, wird deutlich, dass es hier wenigstens vergleichsweise ruhig geblieben ist. Dem Land droht kein Bürgerkrieg, den Touristen keine Entführung und kein Attentat. Und sosehr die Bulgaren auch die wirtschaftliche Not drücken mag: Die meisten von ihnen werden den Besucher nach wie vor mit Stolz empfangen – und mit ihrer vielleicht liebenswertesten Eigenschaft: einer schier unerschöpflichen Gastfreundschaft.

Von Fauna bis Wirtschaft

Die Bulgaren lieben Musik, pflegen ihren Humor und sind stolz auf ihr Land

Fauna und Flora

Ein Großteil des Landes ist mit fruchtbaren Böden (Schwarzerde, braune und graue Walderde) bedeckt. Landwirtschaftlich genutzt wird nur etwas mehr als ein Drittel der Gesamtfläche, am intensivsten die ursprünglichen Steppengebiete im Norden und Nordosten (Donauebene, Dobrudža), die zu den Kornkammern des Landes geworden sind. Die Pflanzen- und Tierwelt weist ebenfalls auf den Grenz- und Übergangscharakter Bulgariens hin. Nördlich des Balkans und in den Gebirgsregionen herrscht eine mitteleuropäische Vegetation vor, der Süden ist eher mediterran: Ölbaum, Myrte, Zypresse und immergrünes Eichenbuschwerk. Etwa ein Drittel des Landes ist bewaldet, davon sind 25 Prozent Nadelwälder, vor allem im Pirin- und im Rila-Gebirge (Fichten, Tannen, Lärchen). Den größten Teil nehmen die Laubwälder ein, wiewohl ausgedehnte Waldungen (Buchen, Eichen, in höheren Gebieten Tannen) sich nur auf dem Balkan und in den Rhodopen finden; der Waldbestand wurde durch Abholzungen schon seit der osmanischen Zeit und durch die Umweltschäden in den letzten Jahrzehnten stark reduziert. Wildtiere sind nur noch vereinzelt erhalten, in Waldgebirgsregionen kommen Braunbären, Wölfe, Luchse, Füchse, Wildschweine, Hirsche, Rehe, Gämsen vor; als Haustiere werden auch Büffel, Esel und Maultiere gehalten. Wasserverschmutzung und Fischfang haben den Fischbestand des Schwarzen Meeres arg strapaziert; Robben und Delphine sind fast ausgestorben, selbst der Steinbutt ist in Gefahr. In den Süßgewässern tummeln sich vor allem Forellen und Karpfen.

Gabrovci

Wie jedes Land hat auch Bulgarien seine Schotten oder seine Schwaben. Hier sind es die Gabrovci, die Menschen also, die aus Gabrovo stammen, einer 82 000 Ew. zählenden Stadt in Zentral-Bulgarien, die wegen der Lederwaren- und Textilindustrie etwas übertrieben als das »bulga-

Die Heiligen Kiril und Metodij, hier ein Bild aus dem Nationalen Historischen Museum in Sofia, begründeten im 9. Jh. das slawische Alphabet

rische Manchester« apostrophiert wird. Viele, viele Witze kursieren über sie, auch liegen einige Sammlungen in gedruckter Form vor. Eine der amüsantesten davon beginnt mit dem folgenden Prolog: »Die Mode der engen Hosen und der kurzen Röcke, das Segelfliegen, die Streichholzdöschen mit einer Reibfläche, die Stotinka-Münzen, das Regime zur Einsparung von Brennmitteln und Energie – dies alles haben sich die Gabrovci ausgedacht.« Von den Gabrovci erzählt man sich, dass sie die Eier mit Zapfhähnen ausstatten, um für die Suppe nicht ein ganzes zu verschwenden, dass sie den Katzen den Schwanz abschneiden, damit man hinter ihnen die Tür rascher zuschlagen kann, damit die Suppe nicht erkaltet, dass sie nächtens ihre Uhren anhalten, damit sich die Zeiger nicht allzu schnell abnutzen. Schwer haben sie es, wenn sie auf ähnlich Hartgesottene treffen. Ein Mann aus Gabrovo will das Honorar für den Arzt sparen und fragt ihn auf der Straße: »Doktor, was machst du, wenn du Grippe hast?« Der, selbstverständlich ebenfalls aus Gabrovo, antwortet: »Ich niese.« Die Gabrovci genießen ihre Reputation: Mitte der Siebzigerjahre wurde ein »Haus des Humors und der Satire« eröffnet, und alle zwei Jahre im Mai findet ein Festival zu diesem Thema statt.

Gold der Thraker

Die durch die Welt gegangene Ausstellung »Gold der Thraker« hat erstmals in größerem Maßstab deutlich gemacht, wie viele archäologische Schätze in Bulgarien inzwischen geborgen worden sind. Die meisten Prunkstücke der Ausstellung sind im Nationalen Historischen Museum in Sofia zu finden – etwa der Schatzfund von Vâlci-trân, der Silberschatz von Rogožen oder der Goldschatz von Panagjurište. Überhaupt wird derjenige, der etwa die thrakische oder die römische Zeit am liebsten an Ort und Stelle in Augenschein nehmen möchte, bei recht großem Reiseaufwand nur geringe Wirkung erzielen. Sinnvoller ist es, sich hier auf die archäologischen Museen zu konzentrieren, wo ohnehin die bedeutendsten Funde ausgestellt sind. Außer für die Museen in Sofia gilt das für die Häuser in Plovdiv, Veliko Târnovo, Stara Zagora, Varna, Kazanlâk und Vraca. Anders steht es mit den wichtigsten vor Ort befindlichen Funden aus der Zeit des Ersten Bulgarischen Reiches. Die großen Ausgrabungskomplexe bei Pliska und Preslav oder das Relief des Reiters von Madara sind gewiss eine Extratour wert.

Horo

Dieser Reigentanz ist in ähnlichen Varianten in anderen südosteuropäischen Staaten als Kolo oder Hora verbreitet. Auf dem Dorf wird er bei keinem Fest fehlen, in den touristischen Zentren in keinem Lokal mit folkloristischem Programm. Lassen Sie sich nicht von den meist komplizierten Taktarten abschrecken. Die Vortänzer sind höchst flexibel und improvisieren häufig die Schrittformen. Wenn Sie sich einreihen, werden Sie anfangs vielleicht ab und zu aus dem Takt, niemals aber aus dem Reigen geraten. Ihre Nachbarn halten Sie fest und führen Sie gern und geduldig in den Rhythmus zurück.

Kiril und Metodij

Die Brüder Kyrill (ursprünglich Konstantin, geboren 826 oder 827, gestorben 869) und Method (geboren um 815, gestorben 885), im Westen allgemein unter der Bezeichnung »Slawenapostel« bekannt, sind die Begründer des slawischen Alphabets (»glagolitische Schrift«), der altbulgarischen Schriftsprache und Literatur. Sie wurden in Saloniki (dem heutigen Thessaloniki) geboren und erhielten ihre Ausbildung in Byzanz. Auf Bitten des mährischen Fürsten Rostislaw wurden sie vom byzantinischen Kaiser Michael III. nach Mähren entsandt, um dort die Slawen in ihrer Muttersprache in der christlichen Lehre zu unterweisen und damit dem deutschfränkischen Einfluss zu begegnen. Auch in Pannonien, dem Gebiet an der mittleren Donau, wirkten die beiden als Missionare. Dabei bedienten sie sich kirchlicher Schriften, die von ihnen mit ihren Schülern ins Altslawische (Altbulgarische) übersetzt worden waren. Kurze Zeit nach der glagolitischen Schrift wurde ein weiteres Schriftsystem begründet, das zur Niederschrift altslawischer Texte diente. Es erhielt, wiewohl es nicht von Kyrill stammte, den Namen »Kirilica«. Die Verehrung für die beiden Slawenapostel ist bei den Bulgaren über alle politischen Systeme hinweg lebendig geblieben. Am 24. Mai, früher der Tag der beiden Heiligen, der heute nach dem Kirchenkalender wieder auf den 11. Mai fällt, wird der »Tag der bulgarischen Bildung und Kultur« begangen.

Le Mystère Des Voix Bulgares

Das »Wunder der bulgarischen Stimmen« ist ein Chor aus Sofia, 31 Damen im Alter von 18 bis 60,

Der Volkstanz ist für die Bulgaren eine Form der lebendigen Kulturpflege

die »sinfonischen Bäuerinnen«. Mit der Mischung aus bulgarischer Chormusik und spanischen, französischen und deutschen Liedern aus dem 12. bis 14. Jh. eroberte die Gruppe nicht nur die großen Konzertsäle, sondern stieß gar in die Popcharts vor. Eine hypnotisierende Wirkung scheint von den fremdartigen Klängen auszugehen. Feine Tonintervalle, weiche Ornamente und Modulationen, Viertel- und Achteltöne, dazu schräge Rhythmen und viele Rhythmuswechsel kennzeichnen die Musik, die europäische Ohren wie Lieder von einem anderen Stern anmutet.

Die Verflechtung von folkloristischen Elementen mit kirchenslawischer Gesangstechnik hat in Bulgarien eine lange Tradition. Hinzu kam dann die Übersetzung dieser Verbindung in eine musikalische Sprache, die den ästhetischen Anforderungen der westeuropäischen Vorstellungen standhielt, ohne den Bezugspunkt zum bulgarischen Originalton zu verlieren. Wegweisend war hier vor allem das Werk des außergewöhnlich talentierten Komponisten und Arrangeurs Filip Kutev, dessen Stil vor und nach dem Zweiten Weltkrieg eine Reihe von Amateur- und professionellen Gruppen inspirierte. Zu den hervorragenden Vertretern zählen hier gegenwärtig neben Le Mystère Des Voix Bulgares vor allem das Trio Bulgarka und die Instrumentalgruppe Balkana.

Musik

Die Bulgaren sind ein musikbegeistertes, musizierendes und seine Musiker tief verehrendes Volk. Die traditionell wichtigsten Anlässe, fast schon rituelle Feierlichkeiten – die Hochzeit und der Aufbruch zum Militärdienst –, sind in ihrem Ablauf durch die Musik gekennzeichnet. Mit jedem Teilstück einer Hochzeit – der Ankunft der Sippe des Bräutigams, dem Heraustreten der Braut aus dem Haus, der Prozession zur Kirche usw. – ist eine bestimmte Melodie verbunden, und in der Nacht zuvor werden im Hause der Braut die traurigsten Klänge zu hören sein, da sie ja bald das Heim verlässt.

Die bulgarische Volksmusik kann neben der Kirchenmusik auf die ältesten Traditionen zurückblicken. Melodien in antiken oder mittelalterlichen Tonleitern, eine unregelmäßige Rhythmik, gerade Taktarten mit ungleichem Periodenbau, Dissonanzen und ein polyfonischer Effekt infolge der Bereicherung der im Prinzip einstimmigen Anlage durch Parallelführungen verleihen der Musik einen eigentümlichen Reiz, dessen Entdeckung dem ungarischen Komponisten und Sammler von Volksliedern, Béla Bartók, wie eine Offenbarung erschien. Die gebräuchlichsten Instrumente sind die *gadulka,* ein drei- oder viersaitiges, birnenförmiges Streichinstrument, der *kaval,* ein mundstückloses Blasinstrument, und vor allem die *gajda,* die dem Dudelsack ähnelt.

Interessanterweise haben die Städter eine eigene Folklore entwickelt, die dem westeuropäischen Ohr vertrauter vorkommt. In der Periode der nationalen Wiedergeburt stellten einige Erwecker fest, dass die ländliche Folklore die Städter nicht zufrieden stelle, weswegen sie zu griechischen und türkischen Liebesliedern »überliefen«. Um dem zu begegnen, wurde mit eigenen Kompositionen begonnen, die bis heute gesungen werden – die alten städtischen Lieder, auch »Schlager« genannt, was ihren Charakter treffend wiedergibt.

Nationale Minderheiten und ethnisch-religiöse Gruppen

Mehr als ein Sechstel der Einwohner Bulgariens (insgesamt ca. 8,4 Mio.) gehören nicht dem Staatsvolk der südslawischen Bulgaren, sondern einer der nationalen bzw. ethnisch-religiösen Minoritäten an: 800 000 Türken, 250 000–300 000 Bulgarisch sprechende Muslime (die den für sie verwendeten Ausdruck »Pomaken« nicht gerne hören) und mindestens 400 000 Roma.

Das Verhältnis zwischen Bulgaren und Türken verschlechterte sich Mitte der Achtzigerjahre rapide, als die Kommunistische Partei 1984 eine Bulgarisierungskampagne startete und die Türken zwang, bulgarische Namen anzunehmen und von ihren Bräuchen, ja selbst vom Gebrauch ihrer Sprache in der Öffentlichkeit abzulassen. Bei einem Massenexodus verließen 1989 rund 300 000 Türken das Land, von denen nach der politischen Wende etwas mehr als die Hälfte zurückkehrte. Seit Beginn der Neunzigerjahre hat sich das bulgarisch-türkische Verhältnis beruhigt, wozu auch die Zulassung einer politischen Interessenvertretung der türkischen Minderheit beitrug. Allerdings brechen Animositäten in den Siedlungsschwerpunkten der Türken im Südosten und im Nordosten des Landes immer wieder auf, zu-

dem ist die wirtschaftliche Situation der Türken vor allem im Südosten wegen der überproportional hohen Arbeitslosenrate besonders angespannt.

Gravierender noch ist in der jüngsten Vergangenheit die problematische Lage der Roma zu Tage getreten, die über das ganze Land verteilt sind und am Rande der Großstädte in ghettoartigen Vierteln leben. Die Roma werden von allen anderen Gruppen abgelehnt, und auch integrationswillige Roma stoßen auf einhellige Zurückweisung. In einzelnen Städten hat dies dazu geführt, dass Teile der Romaviertel für Nichtroma unzugänglich sind.

Nationale Wiedergeburt

Unter dem bulgarischen Wort *vâzraždane* (Wiedergeburt) firmiert die Periode zwischen 1762 und 1878, die den kulturellen, geistlichen und politischen Nährboden für das neuzeitliche Bulgarien lieferte. Zu ihr gehörten drei aufeinander folgende Bewegungen: die kulturelle Erweckung, der Kampf um eine eigene Kirche und schließlich die staatliche Selbstständigkeit Bulgariens. Den Anstoß zur Ersten gab der Mönch Paisij, der 1762 das erste Werk über die slawisch-bulgarische Geschichte vollendete. Das Hauptziel seines Werkes war die Weckung eines nationalen Bewusstseins des Volkes für seine Vergangenheit, seine Sprache und sein Brauchtum. Dabei war er nicht frei von dem Überlegenheitsgefühl der Bulgaren gegenüber anderen slawischen Völkern; pointiert hob er hervor, dass die Bulgaren als Erste eine eigene Staatlichkeit, ein Alphabet, ein Schrifttum, ein Patriarchat besessen hatten. Die von Paisij angestoßene Bewegung führte im 19. Jh. zum Kampf um eigene Schulen und eine eigenständige Kirche, die Loslösung vom griechischen Patriarchat in Konstantinopel, was 1870 erreicht wurde.

Zu dieser Zeit hatte sich der dritte Strang formiert, die teils national, teils demokratisch geprägte revolutionäre Bewegung, die den Kampf für die politische und staatliche Befreiung vom Osmanischen Reich aufnahm. Höhepunkt dieser Bewegung war der Aprilaufstand im Jahr 1876, der aber blutig niedergeschlagen wurde. Zwei Jahre später erlangte Bulgarien als Folge des Russisch-Türkischen Krieges die staatliche Selbstständigkeit. Der Aprilaufstand, bei dem viele Revolutionäre im ganzen Land ihr Leben lassen mussten, ging als heroische Legende ins historische Gedächtnis des Volkes ein.

Politische Organisation

Die aus der sozialistischen Ära stammende Verfassung wurde 1990 zunächst geändert, 1991 wurde dann eine neue angenommen. Bulgarien ist seither eine Republik (vorher: Volksrepublik), deren politisches System in seinen Grundzügen demjenigen der parlamentarischen Demokratie gleicht; allerdings hat der Staatspräsident einige Kompetenzen, die diejenigen seines Kollegen in Deutschland übertreffen, aber weitaus geringer sind als diejenigen etwa der Präsidenten Frankreichs oder der Vereinigten Staaten. Das Staatsoberhaupt wird seit 1992 vom Volk gewählt (vorher: vom Parlament); diese Position nahm von August 1990 bis zum Herbst 1996 Schelju Schelev ein, der prominenteste Vertreter der vor 1989 nicht besonders starken Opposition gegen das sozialistische Regime. Als sein Nachfolger wurde im November 1996 der ebenfalls aus den Reihen der Opposition stammende Petâr Stojanov gewählt.

Über größeren Einfluss verfügen folgende politische Parteien bzw. Gruppierungen: die Sozialistische

---

Vasil Levski (1837–1873)

Die überragende Gestalt der demokratisch-revolutionären Bewegung gegen das Osmanische Reich hieß eigentlich Vasil Ivanov Kunčev. Nach kurzer Tätigkeit als Diakon schloss er sich einer organisierten Widerstandsgruppe in Belgrad an. Hier erhielt er wegen seiner Kühnheit und Gewandtheit den Namen Levski (»der Gewandte«, »der Geschickte«). Er baute eine revolutionäre Organisation in Bulgarien selbst auf. Seine Vorstellungen vom künftigen Bulgarien unterschieden ihn von vielen anderen prominenten Vertretern der Befreiungsbewegung. Konsequent trat er für eine demokratische Republik und eine Art Volksregierung ein. Ihm war die einseitige Konzentration auf das nationale, slawisch-bulgarische Element fremd. Ende Dezember 1872 fiel Levski in die Hände der türkischen Polizei, im Februar 1873 wurde er in Sofia zum Tode verurteilt und gehenkt. Für die Bulgaren ist er der »Apostel der Freiheit« geblieben.

Partei (BSP), die Nachfolgeorganisation der Kommunistischen Partei, die Union der Demokratischen Kräfte (UDK, bulgarische Abkürzung: SDS), die aus einer Koalition verschiedener antikommunistischer Parteien und Gruppierungen hervorgegangen ist, die Bewegung für Rechte und Freiheiten (DPS), die Interessenvertretung der türkischen Minderheit, sowie einige frühere Mitgliederorganisationen bzw. Abspaltungen aus der Union der Demokratischen Kräfte.

Seit 1990 wechselte die Regierung mehrfach: Zunächst wurde sie von den Sozialisten gestellt bzw. geführt, später von der Union der Demokratischen Kräfte, danach wurde Ende 1992 ein Kabinett von formell Parteilosen gebildet, nach den Wahlen vom Dezember 1994 regierten die Sozialisten und seit den Wahlen vom April 1997 wieder die UDK.

Wirtschaft

Bis 1990 waren die Wirtschaftsstruktur und der Außenhandel einseitig auf die Sowjetunion und die kleineren osteuropäischen Staaten zugeschnitten; auf den RGW-Raum entfielen etwa vier Fünftel der bulgarischen Ein- und Ausfuhren, rund 60 Prozent allein auf die Sowjetunion. Der Zerfall dieser Absatzmärkte führte zu einem dramatischen Rückgang in der Industrieproduktion, die insbesondere zu Beginn der Neunzigerjahre drastisch sank und sich nur langsam davon erholt.

Kurzfristige Umlenkungen der Handelsströme sind aber kaum möglich, da die Produkte auf westlichen Märkten entweder nicht konkurrenzfähig sind oder aber – etwa von der EU – starken Zugangsbeschränkungen unterliegen. Eine heftige Wirtschafts- und Versorgungskrise erfasste daher zu Beginn der Neunzigerjahre das Land, die durch die im Frühjahr 1992 eingeleitete »kleine Privatisierung« etwas gelindert werden konnte. Allerdings umfasst diese Maßnahme fast ausschließlich die Bereiche Dienstleistungen und Kleinhandel, kaum den Produktionssektor und schon gar nicht die großen staatlichen Unternehmen. So weitete sich dann auch schnell die Schere zwischen den Gewinnern der Transformation und den Verlierern, zu denen vor allem die Rentner und die mehr als 750 000 Arbeitslosen zählen. Nach Berechnungen der Gewerkschaften verfügten Ende der Neunzigerjahre rund drei Viertel der bulgarischen Bevölkerung nicht einmal über das Existenzminimum.

Auch die Umweltprobleme traten nach dem Machtwechsel deutlicher zu Tage. Mehr als ein Zehntel des Staatsterritoriums ist wegen der Verschmutzung für die Landwirtschaft ungeeignet. Von insgesamt rund 4500 Industriebetrieben besitzt nicht einmal die Hälfte Kläranlagen. Die durch die chemische und die Kohleindustrie verursachte Luftverschmutzung hatte zum Absterben von einem Drittel des Waldes geführt. Und durch Beschädigungen am ohnehin umstrittenen Atomkraftwerk in Kozloduj (im Nordwesten an der Donau gelegen), das die Bulgaren als unentbehrlich für die Energieversorgung betrachten, geriet das Land auch international immer wieder in negative Schlagzeilen.

Jenseits der Grillgerichte

*Die wahre bulgarische Küche wird zu Hause gekocht,
sie erobert erst allmählich die Restaurants*

Die Bulgaren messen dem Essen eine große Bedeutung bei. Ihre Küche ist schmackhaft und abwechslungsreich – aber es ist nicht ausgeschlossen, dass Sie einen ganzen Urlaub lang nichts davon merken. Denn die wahre bulgarische Küche wird zu Hause gekocht.

Bis vor kurzem litten die Restaurants durchweg an den unseligen Folgen der Mischung aus Sozialismus und Massentourismus, die dem Besucher zumeist bei charakterlosem Ambiente ein langweiliges Einheitsmahl bescherte. Seit dem Beginn der Privatisierung ist das Angebot deutlich besser und vielfältiger geworden. Die Entwicklung einer Restaurantkultur, die diesen Namen auch verdient, steckt immer noch in den Anfängen. Hinzu kommen die vor allem im privatisierten Bereich raschen Veränderungen in der Übergangszeit: Achten Sie darauf, wo die Einheimischen essen und was sie empfehlen, darauf ist immer Verlass. Die gängigsten Fremdsprachen sind Deutsch und Englisch. Vor allem an der Schwarzmeerküste ist Deutsch recht verbreitet.

Restaurants

Was die Gaststättenart anbelangt, so werden Sie zumeist in einem Restaurant landen. Volkstümlich eingerichtete, kleine Wirtshäuser *(han, hanče)* kommen inzwischen häufiger vor, aber die Qualität des Essens liegt nur ein wenig über der in einem einfachen Restaurant. In normalen Kneipen *(mehana)* wird üblicherweise nur Bier, Wein und Hochprozentiges angeboten, in Ausnahmefällen kann man dort schmackhafte Salate oder Gegrilltes erwischen. Imbissstuben *(skara-bira)* offerieren Bier und Gegrilltes; von ihnen ist grundsätzlich abzuraten, mehr noch von den Selbstbedienungsrestaurants *(ekspres-restorant),* deren Hygiene und Qualität die Billigpreise erklären.

In den großen Hotels der touristischen Zentren, vor allem wenn sie einer internationalen Kette angehören, können Sie meistens mit einem guten Essen

Erwartungsfroh lassen sich die Gäste zu Beginn eines ausladenden Festmahls von der Musik einstimmen. Die Tafel wird sich lange hinziehen

rechnen; die Preise erreichen allerdings westeuropäisches Niveau. In den anderen Restaurants sind die Preise durchweg erschwinglich: Zwei Personen werden für ein dreigängiges Menü und eine Flasche bulgarischen Weins selten mehr als 10 Euro ausgeben. Wichtig ist, ob der Betrieb staatlich oder privat geführt wird. Im Normalfall werden die privaten deutlich besser, aber etwas teurer sein. Lassen Sie sich nicht durch einen oberflächlichen Blick auf die Speisekarte täuschen. Bulgarische Speisekarten fallen für gewöhnlich ziemlich umfangreich aus, sind aber nicht gerade ein verlässlicher Zeuge für die Vielfalt des Angebots. Fragen Sie nach, was man real bekommen kann. Saubere Toiletten sind ein Indiz für ein sehr gutes Lokal; der Umkehrschluss gilt allerdings nicht. Im Übrigen kann es nie schaden, sich mit einem Vorrat an Papiertaschentüchern zu wappnen.

Für gewöhnlich sind die Restaurants von 11.30 bis 15 Uhr und von 18 bis 23 Uhr geöffnet.

Die bulgarische Hauptmahlzeit beginnt meist mit einem Salat, der vor allem die Funktion hat, den Schnaps zu begleiten, den man als Aperitif zu sich nimmt. Von den zahlreichen ihrer starken und angenehmen Obstschnäpse rühmen die Bulgaren am meisten den Pflaumenschnaps *Trojanska slivova.* In den Restaurants ist er nicht immer zu bekommen. Der beliebteste Salat ist *Šopska salata* (Salat auf Šopenart), ein gemischter Salat mit geriebenem Schafskäse obenauf. Je nach Geschmack lassen sich verschiedene Salate und Vorspeisen zu einem gemischten Teller zusammenstellen: Dazu können etwa der Tomaten-*(domati),* Gurken- *(krastavici)* und Kraut-*(zele)*salat gehören, die eingelegten Gurken mit Walnussstückchen in Joghurt *(snežanka),* der dem griechischen Tsatsiki verwandte, aber flüssigere, eher suppige *tarator,* die salamiartige *lukanka,* Schafskäse *(ovčo sirene)* oder der Hartkäse *kaškaval.* Warme Vorspeisen sind seltener, gewinnen aber vor allem in den privat geführten Restaurants an Gewicht, etwa Gehacktes, in frischen Kraut- oder Weinblättern eingewickelt *(sârmi s prjasno zele; sârmi s lozov list).* Beim Hauptgang wird der Kontrast zwischen dem üblichen Restaurantangebot und der Landesküche am deutlichsten. In den Restaurants wird meist gegrilltes Fleisch den Mittelpunkt des Mahls bilden, ein Kotelett *(pâržola),* ein Filet *(file)* vom Kalb *(teleško)* oder vom Schwein *(svinsko),* Frikadellen in unterschiedlicher Form *(kjufteta* oder *kebapčeta)* oder die schaschlikähnlichen Fleischstückchen am Spieß *(šiščeta),* dazu Kartoffeln, Gemüse und Brot. Viel seltener wird man die Spezialitäten des Landes finden: etwa *gjuveč,* eine Mischung verschiedener Gemüse mit Fleisch und Kartoffeln, die im Backofen zubereitet wird; das von den Türken übernommene *imam bajaldâ,* wörtlich übersetzt »Der Imam ist in Ohnmacht gefallen«, mit verschiedenen Gemüsesorten – manche tun auch Fleisch hinzu – reichhaltig gefüllte Auberginen; oder schlichte, aber höchst schmackhafte Gerichte wie *pâlneni piperki* (mit Gehacktem gefüllte Paprikaschoten), *jachnia* (Gemüse, Fleisch und Zwiebeln, im Kochtopf zubereitet) oder *mišmaš* (Rühreier mit Tomaten, Paprika und Schafskäse). Erweitert hat sich allerdings die Palette der Fischrestaurants, naturgemäß vor allem am Schwarzen Meer. Gegrillte Makrelen *(skumrija)* gehören zu den beliebtesten Gerichten, immer häufiger werden auch schmackhafte Fischsuppen *(ribena čorba)* angeboten. Der – vom Geschmack her – »König der Schwarzmeerfische«, der Steinbutt *(kalkan),* ist zumindest vorübergehend nicht erhältlich, da sein Fang zwecks Arterhaltung untersagt wurde.

Weine

Der bulgarische Wein hat sich, wie auch seine Exporterfolge in den vergangenen Jahren belegen, richtiggehend gemausert. Zwar ist das Land für Liebhaber ausschließlich sehr trockener Weine immer noch kein Eldorado, doch das Angebot ist inzwischen viel größer geworden. Die besten Rotweine sind vollmundig und robust, viele der guten Weißweine zeichnet ein angenehmes Bukett aus. Als Perle unter den Weißweinen gilt der fast goldfarbene aus *Evksinograd,* der allerdings nicht immer zu bekommen sein wird. Leichter *Misket* (Muscatel) kommt aus *Pomorie* und aus *Karlovo;* er erfreut sich ebenso allgemeiner Beliebtheit wie die Produkte aus *Kresna.* Die etwas schwereren Rotweine liefern *Melnik, Vidin* und *Suhindol,* leichter fallen diejenigen aus *Sungurlare* aus. Unter den einheimischen Rebsorten gehören sowohl ihrer Qualität wie auch ihrer mengenmäßigen Bedeutung nach *Gâmza, Mavrud, Pamid, Dimjat* und *Misket* zu den Spitzenreitern. Reine Dessertweine sind der *Mavrud* aus *Asenovgrad* und der *Misket Slavjanska.*

Zwischendurch

Zu den beliebtesten Backwaren zählt die *banica,* oft auch unter ihrem türkischen Namen *bjurek* geläufig, meist mit Schafskäse, zuweilen auch mit Hackfleisch gefüllter Blätterteig. Man bekommt sie meist nur in Lokalen, die eine Mischung aus Bäckerei und Snackbar darstellen. Schafskäse enthalten in jedem Fall die *sirenka* und die *mekica,* vor allem die Letztgenannte ist unter Kindern ein Renner.

Inzwischen hat sich in den Stadtkernen auch ein reichhaltiges Angebot an Kaffeehäusern entwickelt. Die wichtigste volkstümliche Einrichtung ist indes die traditionelle *sladkarnica* geblieben, der »Ort fürs Süße«, wie der Name sagt, also eine Art Konditorei. Zu den beliebtesten Kuchen gehören die von den Türken übernommenen, ursprünglich aus dem Mittleren Osten stammenden *baklava, revane* oder *kadaif* – allesamt mit Sirup überzogene Teigwaren, ziemlich süß und ziemlich schwer. Dem mitteleuropäischen Geschmack näher sind die einheimischen Torten. *Garaš* ist die am meisten verbreitete davon, eine Schokoladentorte, die in verschiedenen Varianten angeboten wird. Bei der Bestellung des Kaffees sollten Sie die gewünschte Art spezifizieren (Espresso, Cappuccino, Nescafé oder türkischen Kaffee), sicherheitshalber auch den Süßigkeitsgrad, da etwa beim türkischen Kaffee der Zucker mitgekocht wird.

Seit der Privatisierung gibt es eine Fülle von Buden und Ständen. Da die Bulgaren gern knabbern, stehen überall Stände mit Erdnüssen und Kürbiskernen.

Das Abenteuer der Entdeckung

Der bizarre Charme der exotischen Ramschmärkte

Shopping kann zum faszinierendsten Erlebnis eines Bulgarienaufenthaltes werden – wenn man sich für Überraschungen offen hält, die Geduld nicht allzu rasch verliert und den Einkaufsbummel als ausgedehnten Spaziergang begreift. Noch hat sich keine feste Geschäftsstruktur etabliert. Grundsätzlich gilt, dass jeder Händler alles verkauft, was ihm unter die Finger kommt.

Lohnend sind *Töpferwaren, Porzellanservice, Lederwaren, Pelzkleidung* und *Besticktes* (Blusen, Tischdecken); *Kupfer-* und *Zinngefäße* nur dann, wenn Sie das seltene Glück haben, auf ältere Stücke zu stoßen. Zu den typischen Souvenirs gehören das *Rosenöl* (in einem hübschen, kleinen Holzgefäß), *Puppen* in ländlicher Tracht und *Holzschnitzereien* aller Art. Anspruchsvolle Produkte nicht nur dieser Art bieten die Geschäfte des Verbandes der bulgarischen Künstler an. Die Mitnahme lohnen ebenfalls der Pflaumenschnaps *Trojanska slivova*, der Weinbrand *Pliska*, der Sekt *Iskra* oder die besten Rotweine. Vorsicht ist am Platze, wenn

Ihnen auf Straßenständen importierte Getränke zu unglaublich niedrigen Preisen angeboten werden: Nicht immer ist das drin, was draufsteht.

Märkte

Auf keinen Fall sollten Sie Bulgarien verlassen, ohne einige der unterschiedlichen Arten von Märkten genossen zu haben. Im Vorübergehen können Sie sich mit Obst oder Gemüse versorgen. Jede größere Stadt hat zumindest einen solchen offenen Markt, auf dem Sie sich einen Überblick über das lokale und regionale Angebot verschaffen können. Vor allem aber sind diese Plätze lebhafte und bunte Tupfer des Alltags. Wieder andere Einblicke in den bulgarischen Alltag gewinnen Sie auf einer zweiten Art von Märkten: Außerhalb der Stadtzentren haben sich Bazare etabliert, für die Flohmarkt eine verniedlichende Bezeichnung wäre. Ramsch jeglicher Art und Herkunft wird hier feilgeboten und sogar erstanden, von der verrosteten Mistgabel bis zum krächzenden Grammofon. Viele der Anbieter kommen aus Russland, der Türkei, dem früheren Jugoslawien und aus der Umgebung.

Schöne Souvenirs: bemalte Töpferware

Klassische Musik, Oper und Ballett

Aber die Bulgaren feiern auch ihre Rosen und ihren Humor

Nach der Wende von 1989 verschwanden die nach dem Zweiten Weltkrieg zu Ehren der Kommunistischen Partei und der Sowjetunion eingeführten »ideologischen Feiertage« wie der 9. September (1944 Machtergreifung der KP) oder der 7. November (Oktoberrevolution). Dafür wurden der alte Nationalfeiertag und kirchliche Feiertage wie Ostern und Weihnachten wieder eingeführt. Für die zahlreichen Festivals brach mit den wirtschaftlichen Problemen eine schwere Zeit an. Viele Subventionen wurden gekürzt oder gestrichen.

Die überwältigende Mehrheit der Muslime begeht aktiv die religiösen Feiertage des Islam, was besonders in den Siedlungszentren im Südosten und im Nordosten sowie in den großen Städten sichtbar wird. Die beiden wichtigsten islamischen Feiertage sind der dreitägige Sheker Bayram am Ende des Fastenmonats Ramadan (2001 vom 15. bis 17. Dezember, 2002 vom 4. bis 6. Dezember) und der viertägige Kurban Bayram, das Opferfest

In den Städten im Tal der Rosen wird zur Rosenernte im Juni gefeiert

(2002 vom 22. bis 25. Februar, 2003 vom 11. bis 14. Februar).

OFFIZIELLE FEIERTAGE

1. Januar; 3. März *(Nationalfeiertag »Befreiung Bulgariens«);* Ostermontag (eine Woche später als in Mitteleuropa); 1. Mai; 24. Mai *(Tag der bulgarischen Bildung und Kultur, im Volksmund »Kiril und Metodij«);* 25. Dezember

FESTIVALS

Beachten Sie bitte, dass zahlreiche Veranstaltungen wegen Geldmangels gefährdet sind. Informieren Sie sich deshalb – auch über die genauen Termine – zuvor beim örtlichen Fremdenverkehrsbüro.

Januar
❂ *Festival der Orchestermusik* Anfang des Monats in Plovdiv

März
❂ *Musiktage* in Ruse: klassische Musik in den beiden letzten Märzwochen

April
❂ *Festival der klassischen Musik* in Šumen

MARCO POLO TIPPS FÜR FESTE

1 Varnaer Sommer
Klassische Musik und
Ballett mit Ensembles
aus aller Welt (Seite 34)

2 Folklorefestival Koprivštica
Authentische bulgarische
Musik in faszinierender
Atmosphäre, leider nur
alle fünf Jahre (Seite 34)

3 Musikwochen Sofia
Üppiges internationales
Angebot an Sinfonien
und Kammermusik,
Kantaten, Oratorien und
Opern; in jedem dritten
Jahr mit einem inter-
nationalen Wettbewerb
für junge Opernstimmen
(Seite 34)

❂ *Festival der Nationaloper* in Sofia

Mai
❂ *Festival des Humors* und der Satire in Gabrovo (Mitte Mai in Jahren mit ungerader Endziffer)

★ ❂ *Musikwochen* – klassische Musik und Ballett in Sofia Ende Mai bis Ende Juni

Juni
❂ *Festival der Rosen* in Karlovo und Kazanlâk Anfang des Monats. Rituale der Rosenernte in folkloristischer Darbietung

❂ *Internationales Festival der Kammermusik* in Plovdiv Mitte des Monats in ungeraden Jahren

Internationales Schlagerfestival *Goldener Orpheus* in Sonnenstrand am Schwarzen Meer

★ ❂ *Varnaer Sommer* – klassische Musik, Oper und Ballett – von Mitte Juni bis Mitte August; ein renommiertes Festival mit vorzüglichen Ensembles aus aller Welt, internationaler Ballettwettbewerb alle zwei Jahre

August
★ ❂ ☇ *Folklorefestival* in Koprivštica, eine Mischung aus Pop-

festival und mittelalterlichem Jahrmarkt, bulgarische Musik in ihrer vielleicht authentischsten Ausdrucksform; alle fünf Jahre, das nächste 2005

Internationales Festival der Folklore in Burgas in der zweiten Monatshälfte

Ende September
❂ *Festival der Klaviermusik* in Šumen mit vielen Veranstaltungen

November
☇ *Internationales Jazzfestival* in Sofia, bei der Jugend sehr beliebt

BRAUCHTUM

Das nationale und das religiöse Brauchtum sind in der sozialistischen Ära etwas durcheinander gekommen. Das Regime hatte einige Traditionen in künstlich aufgeblähte Massenveranstaltungen verwandelt, wie das Festival der *kukeri* und *survakari* in *Pernik,* andere hingegen, wie den Jordanstag, wegen des religiösen Hintergrunds einschlafen lassen. Gegenwärtig hat eine Rückbesinnung auf die Traditionen begonnen. Bei jeder Hochzeit zum

Beispiel werden weiterhin die traditionellen Riten zelebriert.

1. Januar
Die Jungen ziehen bei der *survakanija* mit der Wünschelrute von Haus zu Haus, wünschen den Bewohnern Glück und erhalten kleine Belohnungen.

6. Januar
Am *Jordanovden* wird ein Kreuz ins Wasser geworfen, das die Männer wieder herausholen müssen. Dieser Brauch ist fast ausgestorben.

1. März
Frühlingsanfang: Der Winter wird verabschiedet, man überreicht sich die *martenica*, zwei kleine, rotweiße Troddeln an zwei rotweißen Fäden.

Anfang März
Beginn der Fastenzeit: Männer in Tierkostümen – *survakari* (West-Bulgarien) oder *kukeri* –, mit Fruchtbarkeitssymbolen behängt, ziehen durchs Dorf und tanzen auf dem Dorfplatz. Oft ist dieser Brauch nur noch ein Touristenspektakel.

8 Tage vor Ostersonntag
Lazarovden, Fruchtbarkeitswünsche und Brautschau: Junge Mädchen in Nationaltrachten singen und tanzen.

Mai/Juni
Mitten im Herzen Bulgariens, zwischen dem Balkan und dem Mittelgebirge, liegt das »Tal der Rosen«, eigentlich ein ganzes Bündel von Tälern, die Bulgariens vermutlich berühmtestes Exportprodukt, das Rosenöl, liefern. Früher produzierte diese Region mehr als 70 Prozent der weltweit erzeugten Menge an Rosenextrakt, doch ist die Produktion in den Neunzigerjahren stark zurückgegangen. Das Rosenöl wird durch Wasserdampfdestillation frischer, morgens vor dem Sonnenaufgang geernteter Rosenblüten gewonnen. Für einen Liter Rosenextrakt werden zwischen 3000 und 6000 kg Blüten benötigt. Das verbleibende Rosenwasser wird für Medikamente, Gewürze, Marmeladen und Liköre verwendet. Ein Besuch lohnt sich zur *Blüte- und Erntezeit der Rosen* im Mai und Anfang Juni.

Wenn die wilden »kukeri« durchs Dorf stürmen, beginnt die Fastenzeit

Kulturmetropole vor grüner Kulisse

Für das uneinheitliche Stadtbild entschädigen die herrliche Lage und bedeutende Museen

Serdica, das ist mein Rom!« soll Konstantin der Große einmal voller Entzücken ausgerufen haben. Das war im 4. Jh. und galt der Siedlung, die damals das Zentrum der römischen Provinz Thrakien bildete. Wer heute durch die Straßen der bulgarischen Hauptstadt Sofia (auch Sofija geschrieben) mit ihren 1,1 Mio. Ew. schlendert, wird von ihrer bewegten Geschichte, die sich auch in zahlreichen Namensänderungen niederschlug, nur vereinzelte Spuren ausfindig machen. An zentralen Orten im Stadtkern tauchen Relikte aus der römischen Zeit auf, etwa in der Unterführung unter der einstigen Zentrale der Kommunistischen Partei, die jetzt den neuen Parlamentariern als Bürogebäude dient, Überreste von der östlichen Festungsmauer aus dem 2. Jh. oder im Hof des Sheraton die Georgskirche aus dem 4. Jh. Auch lassen Kirchen, Moscheen und die große Synagoge erahnen, dass die Stadt im wechselvollen

Auf und Ab große Zeiten erlebt hat. Eine Vorstellung davon wird man indes nur durch den Gang in die wichtigsten der zahlreichen großen Museen gewinnen. Das Stadtbild hingegen hinterlässt den Eindruck eines eigentümlichen, irgendwie der Geschichte gegenüber indifferenten Gemischs aus 100 Jahren, aus dem die wenigen historischen Prachtbauten und einige schöne Beispiele der bulgarischen Architektur aus der Zeit um die letzte Jahrhundertwende wie bunte Tupfer hervorscheinen.

Die Bedeutung des Ortes rührt von seiner Lage als Schnittpunkt der wichtigsten Verbindungslinien auf dem Balkan: Durch ihn führen die Wege von Wien nach Istanbul, vom Schwarzen Meer zur Adria und von der Donau zur Ägäis. Diese Lage zog schon früh erste Siedler an und später dann Feldherren und Eroberer. Anhand der wechselnden Namen lässt sich die Geschichte nachvollziehen: »Serdica« (vom thrakischen Stamm der Serden) hieß Sofia in der thrakischen und der römischen Zeit, »Sredec« (Platz in der Mitte, im Zentrum) während des Ersten und später auch

Im Zentrum von Sofia steht der schönste Bau der Balkanhalbinsel: die Aleksandâr-Nevski-Kathedrale

während des Zweiten Bulgarischen Zarenreiches, zwischendurch in der byzantinischen Herrschaftsperiode »Triadica«, schließlich ab dem 14. Jh. »Sofija«, benannt nach der Heiligenkirche, die im Zweiten Zarenreich als Metropolitenkathedrale fungierte. Nach der Ausgliederung aus dem Osmanischen Reich 1878 wurde der Ort erstmals die Hauptstadt eines bulgarischen Staates, und damit begann seine rasante Expansion, die ihn binnen weniger als einem Jahrhundert von rund 20 000 Ew. zur Millionenstadt machte. In dieser Zeit entstand das Wort, das Sofia gerne als sein Motto ausgibt: »Stets wachsend, niemals alternd«

Die landschaftliche Lage ist eine der Hauptattraktionen der Stadt. Im Norden grenzt sie an den Balkan, im Osten an das Mittelgebirge, im Süden liegt das Rila-Gebirge, innerhalb einer Stunde mit dem Auto erreichbar. Das Tüpfelchen auf dem i ist aber das faktisch unmittelbar zur

Hotel- und Restaurantpreise

Hotels

€€€:   über 60 Euro
€€:   20–60 Euro
€:   bis 20 Euro

Die Preise gelten für ein Doppelzimmer in der Saison (in der gehobenen und mittleren Preisgruppe mit Frühstück).

Im Hotelgewerbe ist immer noch vieles in Bewegung. Bei kleineren Häusern herrscht einige Fluktuation, bei größeren wechselt zuweilen der Besitzer und damit auch der Name. Im ganzen Land werden die Hotels in fünf Klassen eingeteilt und mit entsprechend vielen Sternen versehen. Ab drei Sternen aufwärts ist ein Badezimmer und Frühstück dabei. Die Anzahl der Sterne ist aber nicht immer eine verlässliche Aussage über die Qualität; in einigen der größeren Häuser in Sofia fällt das Preis-Leistungs-Verhältnis denkbar ungünstig aus. Vor allem herrscht nach wie vor großer Mangel an solider

mittlerer Qualität zu erschwinglichen Preisen. Eine Alternative in der unteren Preisklasse sind die inzwischen zahlreich gewordenen Privatquartiere. In fast allen größeren Städten vermittelt das Touristenbüro Privatadressen.

Restaurants

€€€:   über 10 Euro
€€:   5–10 Euro
€:   bis 5 Euro

Die Preise gelten für ein Essen mit Vor-, Haupt- und Nachspeise sowie einer halben Flasche Wein.

Abkürzungen

Ap.   Apartments
Bul.   Bulevar (Boulevard)
Pl.   Ploštad (Platz)
Ul.   Ulica (Straße)

Eintrittspreise

Die Eintrittspreise für einige Museen sind in der jüngeren Vergangenheit angehoben worden. Sie bewegen sich meistens zwischen 1 und 2 Euro.

MARCO POLO TIPPS FÜR SOFIA

1 **Aleksandâr-Nevski-Kathedrale**
Der wohl prächtigste Kirchenbau des 20. Jhs. auf dem Balkan (Seite 41)

2 **Nationales Historisches Museum**
Die Kernstücke der Ausstellung »Gold der Thraker« (Seite 44)

3 **Kirche von Bojana**
Krone der mittelalterlichen bulgarischen Malerei in schöner Umgebung (Seite 50)

4 **Sveta Sofija**
Die Namensgeberin der Stadt, zweitälteste der erhaltenen Kirchen Sofias. Byzantinische Strenge, bewegte Geschichte – sie diente sogar eine Zeit lang als Moschee (Seite 41)

5 **Vitoša-Gebirge**
Ein Spaziergang zu den Goldenen Brücken und dem Steinernen Fluss, eine Wanderung auf den Schwarzen Gipfel (Seite 51)

Stadt gehörende, südwestlich davon sich erstreckende Vitoša-Gebirge. Weniger als 10 km vom Zentrum Sofias entfernt, erheben sich dessen erste Gipfel über der Stadt, ihr allgegenwärtiger, überall sichtbarer Begleiter. Natürlich war das Vitoša-Gebirge seit alters her das beliebteste Ausflugsziel der Sofioter und ist dies bis heute auch geblieben. Aber das überdimensionale Wachstum der Stadt und die Sorglosigkeit im Umgang mit der Natur haben ihren sicht- und spürbaren Tribut gefordert. Einst konnte sich Sofia zu Recht der Luft, des Wassers und der grünen Kulisse rühmen, die es vornehmlich dem Vitoša-Gebirge verdankte. Heute sind die Naturschätze in erheblichem Maße angegriffen. Die Kulisse weist beträchtliche Lücken und Schädigungen auf, das Leitungswasser erinnert nur noch in einigen Stadtteilen entfernt an vergangene Frische und Geschmack,

und wer sich – vor allem im Sommer – durch die Stadtmitte bewegt, wird buchstäblich mit jedem Atemzug der Veränderung gewahr. Glücklicherweise bieten hier zahlreiche schöne Parkanlagen immer wieder Möglichkeiten der Zuflucht, Entspannung und Erholung.

Mehr als entschädigt wird dafür der Kulturfreund. Sofia ist das absolute Zentrum Bulgariens, und in einem traditionell so zentralisiert strukturierten Land betrifft dies weit mehr als nur den Regierungs- und Verwaltungsbereich. Obwohl die Nichtsofioter die Nase rümpfen, wenn sie es hören: Vieles von dem, was in der Kultur Rang und Namen hat, konzentriert sich nun einmal in der Hauptstadt – die bedeutendsten Museen, die repräsentativsten und zugleich experimentierfreudigsten Galerien, die renommiertesten Theater, herausragende Stimmen und Orchester.

Auch in prosaischeren Dingen übernimmt meist Sofia die Rolle des Trendsetters. Wer etwa wissen will, was gerade in der bulgarischen Jugendszene an Lebensstil und Alltagskultur »in« ist, der sollte sich am frühen Freitag- oder Samstagabend zum Bul. Vitoša und in bestimmte Teile des Parks vor dem Kulturpalast begeben. Es ist schon wahr, dass die Stadt zwar wächst, aber niemals altert. (112/C 1)

☛ Stadtplan in der hinteren Umschlagklappe

BESICHTIGUNGEN

Der geeignetste Ausgangspunkt für die Erschließung des Stadtkerns ist der gleichnamige *Platz an der Kirche Sveta Nedelja* (**U/B 4**) schräg gegenüber vom Hotel Sheraton. In dem Bereich östlich davon, den die *Universität* (**U/E 4–5**) und die direkt daneben befindliche *Nationalbibliothek Kiril und Methodij* mit den imposanten Denkmälern der beiden abschließen, befinden sich die meisten wichtigen öffentlichen Bauten. Zwischen Sheraton und dem Kaufhaus CUM führt der Weg über den *Bul. Car Osvoboditel* (früher *Bul. Ruski*) mitten in diesen Abschnitt hinein. Südlich der Sveta Nedelja erstreckt sich die Haupteinkaufsstraße *Bul. Vitoša.* Der belebteste Teil davon endet am *Kulturpalast* (**O**, abgekürzt NDK). Im obersten Stockwerk gibt es ein ✲ *Panoramacafé* mit gutem Blick auf die Stadt. Unbedingt zu empfehlen ist ein Bummel in dem Gebiet zwischen den *Bul. Vitoša* und *Car Osvoboditel.* Biegen Sie einfach in östlicher Richtung in eine der Seitenstraßen des *Bul. Vitoša* ein, und schlängeln Sie sich bis etwa zum *Platz*

der Nationalversammlung (**U/D 5**, *Pl. Narodno Sâbranie*) durch. Hier begegnen Ihnen Architektur und Atmosphäre der Wohnviertel in der Stadtmitte in authentischer Form.

Centralna Evrejska Sinagoga (Synagoge) (U/B 3)

Die größte Synagoge auf der Balkanhalbinsel wurde 1910 vollendet. Ihre Ausmaße lassen etwas von der einstigen Bedeutung der jüdischen Gemeinde im Land erahnen, die allerdings vor allem durch massenhafte Emigration Ende der Vierzigerjahre stark geschrumpft ist. Vor einigen Jahren wurde eine Restauration in Angriff genommen. Anwesende Gemeindemitglieder führen Besucher gern durch das Gebäude. *Ul. Ekzarh Josif 16*

Im *Gemeindehaus (Bul. Aleksandâr Stambolijski 50, 5. Stock, Mo–Fr 9–12 und 14–17 Uhr)* ist die ständige Ausstellung »Die Rettung der bulgarischen Juden 1941 bis 1944« zu sehen.

Džamija Banja baši (Bädermoschee) (U/B 3–4)

Diese Moschee ist die einzige, die den gläubigen Moslems in der Hauptstadt geblieben ist. Während der antitürkischen Kampagnen in der sozialistischen Ära lag sie still. Das andere bedeutende islamische Zentrum, die *Bujuk džamija (Große Moschee)* aus dem 15. Jh., beherbergt seit langem das Nationale Archäologische Museum. Seit Anfang der Neunzigerjahre wird die Bädermoschee wieder benutzt, doch können Restaurationsarbeiten den Zutritt für Besucher zeitweilig erschweren. Der Bau des namhaften türkischen Architekten Hadži Mimar Sinan wurde 1576 vollendet. Außen fasziniert vor allem der Kontrast zwischen der gewaltigen Kuppel und dem zartgliedrigen Minarett. Unmittelbar in der Nachbarschaft befindet sich das Mineralbad, das nicht mehr benutzt wird. Man kann sich dort aber mit Wasser aus Heilquellen versorgen. *Bul. Knjaginja Marija Luiza*

Sveta Nedelja (Kirche der heiligen Nedelja) (U/B 4)

Die 1856–1863 erbaute Kirche hat weniger durch Kulturschätze als durch ihre weltlichen Einrichtungen und politischen Ereignisse auf sich aufmerksam gemacht. Ein Besuch lohnt sich allein wegen des hellen, ganz und gar nicht pompösen Glanzes, den sie ausstrahlt, und mehr noch wegen der Akustik; bestens geeignete Anlässe, diese zu genießen, sind die häufig hier stattfindenden Trauungen.

Im April 1925 forderte in der Kirche ein Bombenattentat mehr als 120 Tote und über 500 Verletzte. Die Kirche, durch das Attentat stark beschädigt, wurde dann 1931 von Grund auf neu errichtet. Bis heute ist nicht einwandfrei geklärt, ob die Führung der Kommunistischen Partei, die dies stets vehement leugnete, für das Attentat verantwortlich war. Später nutzte sie die Kirche zu besonderen Zwecken: Bis zum Ende der Achtzigerjahre beherbergte die Kuppel ein Büro der Geheimpolizei. *Pl. Sveta Nedelja*

Sveta Petka Samardžijska (Kirche der heiligen Petka) (U/B 4)

In der Fußgängerunterführung unter dem Kaufhaus CUM taucht plötzlich die obere Hälfte der Kirche auf, deren untere sich quasi im Boden befindet. Nicht nur der faszinierenden Lage wegen erregt der Bau aus dem 14. Jh. Aufmerksamkeit. Innen sind drei Schichten Wandmalereien aus dem 14., 15. und 17. Jh. entdeckt worden. Ihren heutigen Namen erhielt sie zu Beginn des 20. Jhs., als die Sattlergilde sie zu ihrer Kapelle erkor. *Unterführung des Kaufhauses CUM, Di–Sa 10.30 bis 13 und 15.30–18 Uhr*

Sveta Sofija (Sophienkirche) (U/D 4)

★ Der Namensgeberin der Stadt ist der zweitälteste der erhaltenen Kirchenbauten geweiht. Er wurde an der höchsten Stelle des Siedlungszentrums im 6. Jh. errichtet. Mehrfach machten Zerstörungen Wiederaufbauarbeiten notwendig, zuerst im 9. Jh., zuletzt nach Erdbeben im 19. Jh., die aber den Bau nicht grundlegend veränderten. Auch in der osmanischen Zeit, als die Kirche als Moschee diente, wurde ihr Äußeres nicht angetastet. Die dreischiffige Kreuzkuppelbasilika mit den drei Altären ist ein für Bulgarien einzigartiges Exempel für die strenge Monumentalität der klassischen byzantinischen Architektur. An der Ostseite befindet sich das Grab des bulgarischen Nationaldichters Ivan Vazov, dessen Statue im nahen Park – er hält ein Buch in der Hand – nicht zu übersehen ist. *Pl. Aleksandâr Nevski.*

Sveti Aleksandâr Nevski (Aleksandâr-Nevski-Kathedrale) (U/D 4)

★ Auch viele Nichtbulgaren, die den Balkan bereist haben, halten die Kathedrale für den prächtigsten Bau des 20. Jhs. auf der Balkanhalbinsel. Sie wurde zu Ehren der im Russisch-Türkischen Krieg von 1877/1878 gefallenen Soldaten und zum Zeichen des Dankes für die dem Krieg folgende Ausgliederung Bulgariens aus dem Osmanischen Reich errichtet. Der russische Zar jener Zeit, Alexander II., wurde seitdem in Bulgarien als »Car Osvoboditel« (Befreierkönig) verehrt, wovon auch das unweit von der Kathedrale, unmittelbar gegenüber dem Gebäude der Nationalversammlung (Narodno Sâbranie) aufgestellte, 14 m hohe Reiterbild zeugt, das der italienische Bildhauer Arnoldo Zocchi schuf. Die Kirche wurde nach dem Schutzheiligen des Zaren, Alexander Nevski, einem Moskauer Großfürsten aus dem 13. Jh., benannt. Nach den Entwürfen des Petersburger Architekten A. N. Pomerancev wurde 1904 mit dem Bau begonnen, der mit kleineren Unterbrechungen bis 1913 währte. Erst elf Jahre danach, 1924, wurde die Kirche geweiht.

Imposant ist der erste Eindruck, den die südliche Seitenansicht vom Bul. Car Osvoboditel aus hervorruft. Da scheint der neobyzantinische, mit einigen russischen Elementen durchsetzte Kreuzkuppelbau seine gesamte Pracht mit einem Male präsentieren zu wollen. Vor allem fallen die beiden mit Blattgold überzogenen Kuppeln direkt ins Auge. Die bulgarische Regierung als Auftraggeber hatte zur Bedingung gemacht, dass die Kirche 5000 Menschen Platz biete; einige bulgarische Prospekte beteuern, dass es sogar 7000 sein sollen. Im Innern sind es weniger herausragende Einzelstücke, die das Interesse auf sich ziehen, vielmehr fasziniert die Gesamtheit der Kunstwerke. Die bekanntes-

ten russischen und bulgarischen Meister der Zeit um die Jahrhundertwende sind hier mit Wandmalereien, Ikonen und Mosaiken vertreten. Die Krypta beherbergt eine ständige Ausstellung von weit mehr als 200 Ikonen, Fresken und gedruckten Ikonenblättern bulgarischer Meister vornehmlich aus dem 18. und 19. Jh., doch sind auch Werke aus dem 12.–17. Jh. vertreten. *Pl. Aleksandâr Nevski, tgl. 7–19 Uhr, offiziell ist eine Besichtigung während des Gottesdienstes (tgl. 9.30–11.30 Uhr) untersagt. Krypta: Mi–So 10–18 Uhr*

Sveti Georgi (Georgskirche) (U/B 4)

Das besterhaltene Denkmal aus der römischen Zeit im Hof des Hotels Sheraton steht an einer Stelle, an der zunächst (wahrscheinlich im 1. Jh.v.Chr.) ein Bad errichtet wurde. Die Rotunde aus dem 4. oder 5. Jh. hat eine bewegte Geschichte hinter sich: Sie diente ursprünglich den Römern als Kultstätte, dann den Slawen als christliche Kirche, später den Türken als Moschee, schließlich seit Bulgariens Eigenstaatlichkeit wieder als christliche Kirche. Die (restaurierten) Wandmalereien stammen aus dem 10., 12. und 14. Jh. Die Fresken aus dem 14. Jh. gehören zu den bedeutendsten Malereien mit barocken Elementen in Bulgarien. Seit Jahren sind hier Restaurationsarbeiten im Gang, sodass möglicherweise das Areal geschlossen ist. *Eingang auf dem Bul. Aleksandâr Stambolijski*

Sveti Nikolaj Čudotvorec (Kirche des Wundertäters) (U/C–D 4)

Unübersehbar demonstriert der 1914 vollendete Bau, warum er

»die russische Kirche« genannt wird: Er präsentiert sich als ein lichtes, farbenfrohes, von Gold und fünf Zwiebeltürmen geprägtes Abbild der Moskauer Architektur des 17. Jhs., innen mit Wandmalereien im Stil der Novgoroder Malschule. Ihre Existenz hat die Kirche der Sorge eines russischen Diplomaten um sein Seelenheil zu verdanken. Der von 1908 bis 1911 als Botschafter Petersburgs fungierende Semontovski-Kurilo hielt die bulgarische Kirche für nicht rechtgläubig genug, um in ihren Bauten den Gottesdienst zu feiern. Eine russische Kirche sollte gebaut werden. *Bul. Car Osvoboditel 3*

MUSEEN

Kâšta-muzej Ivan Vazov (Ivan-Vazov-Haus) (U/C 5)

Zahlreiche Geburts- oder Wohnhäuser prominenter Bulgaren sind mit der Zeit in Museen verwandelt worden, wobei drei Arten von Biografien dominieren: Führer der Kommunistischen Partei, Schriftsteller mit sozialistischen Neigungen und landesweit bekannte Dichter, Dramatiker und Romanciers. Die letzte Gattung wird gewiss überleben, und ihr berühmtester Vertreter ist Ivan Vazov (1850–1921), einer der Klassiker der jüngeren bulgarischen Literatur. Viele seiner

Russlands Glanz in Sofia: Kirche des Wundertäters im russischen Stil

Werke sind auch ins Deutsche, Englische und Französische übersetzt worden, darunter der Roman »Unter dem Joch«. In dem Haus, in dem er von 1895 bis zu seinem Tode 1921 lebte, sind Zeugnisse seines Lebens sowie die damalige Inneneinrichtung zu sehen. *Ul. Ivan Vazov 10, Mo 13–17, Di/Mi 13–20, Do–Sa 9 bis 17 Uhr*

Nacionalen arheologičeski muzej (Nationales Archäologisches Museum) (U/C 4)

Das in der Großen Moschee untergebrachte Museum hat durch die Zugriffe des Nationalen Historischen Museums einige seiner bedeutendsten Schätze verloren. Schon das Gebäude ist aber sehenswert, und wer sich einen Überblick über Gebrauchsgegenstände, Teile von Ausrüstungen oder den Schmuck bei Thrakern, Römern und Griechen verschaffen will, wird den Besuch nicht bereuen. Von besonderer Bedeutung: die *Stele von Anaxander,* ein Grabstein aus dem 6. Jh.v.Chr. aus dem Gebiet von Sozopol, der *bronzene Hirsch* aus dem 8. Jh.v.Chr., der bei Sevlievo (nahe Pleven) ausgegraben wurde, verschiedene Teile – Gefäße, Werkzeuge und Kultgegenstände – aus dem Schatzfund von Kasičene (Kreis Sofia), die aus der frühen Eisenzeit (12.–6.Jh. v.Chr.) stammen. *Ul. Sâborna 2 (beim Pl. Aleksandâr Batenberg), Di bis So 10–12 und 14–18 Uhr*

Nacionalen istoričeski muzej (Nationales Historisches Museum) (U/B 5)

★ Das größte und bedeutendste historische Museum des Landes ist im früheren Justizpalast untergebracht; Juristen fordern seit langem seinen Umzug, was aber aus Kostengründen zumindest vorläufig unterbleiben wird. Es enthält die reichhaltigste Sammlung an Zeugnissen aus den von Bulgaren besiedelten oder eroberten Territorien von der vorgeschichtlichen bis zur Neuzeit, wobei im Erdgeschoss die ältere Vergangenheit bis zum Mittelalter, im ersten Stockwerk vor allem die Periode der nationalen Wiedergeburt im 18. und 19.Jh. dokumentiert ist.

Die spektakulärsten Schätze des Museums sind im Westen Europas vor allem durch die Ausstellung »Gold der Thraker« bekannt geworden: der *Schatzfund von Vâlci-trân* (einem Ort südwestlich von Pleven), ein Meisterwerk der thrakischen Goldschmiedekunst aus der späten Bronzezeit (vermutlich um die Wende vom 13. zum 12.Jh.v.Chr. entstanden), bestehend aus einem großen und einem dreiteiligen Gefäß, vier Kelchen und sieben Deckeln, mit einem Gesamtgewicht von 12,5 kg. Es ist der bedeutendste Goldschatz, der in Thrakien gefunden wurde. Außerdem zu sehen: der *Silberschatz von Rogožen* (zwischen Orjahovo und Vraca) aus dem 5. und 4.Jh.v.Chr., eine Sammlung von 165 silbernen Gefäßen, aller Wahrscheinlichkeit nach der Besitz eines wohlhabenden Geschlechts aus dem altthrakischen Stamm der Tibalen; der *Goldschatz von Panagjurište* (zwischen Sofia und Plovdiv) aus dem Ende des 4., Anfang des 3.Jhs.v.Chr., neun Trinkgefäße, eines davon als Amphore, die anderen als Frauen- und Tierköpfe geformt, vermutlich von mehreren griechischen Meistern an der kleinasiatischen Küste der Dardanellen gefertigt. Im oberen Stockwerk besonders sehenswert sind die Sammlung der *Volkstrachten* aus der Zeit der nationalen Wiedergeburt und die Einrichtungsgegenstände ebenfalls aus dieser Periode.

Beklagenswert sind zwei Defizite: Abgesehen von Dokumenten zur nationalen Erweckung der Bulgaren findet die osmanische Zeit faktisch nicht statt, und Kataloge oder Tafeln in westlichen Sprachen fehlen gänzlich. Allerdings sind fremdsprachige Führungen für Gruppen möglich, und auch Einzelbesuchern wird zumeist freundlich geholfen. *Bul. Vitoša 2, tgl. 9.30–18.30 Uhr*

Nacionalna hudožestvena galerija (Nationale Kunstgalerie) (U/C 4)

Das wunderschöne, im 16. Jh. errichtete Gebäude diente zunächst als *Konak,* also als Amtssitz der osmanischen Verwaltung. Es brannte 1816 nieder und wurde 1873 wieder aufgebaut. Hier wurde der Prozess gegen den bulgarischen Nationalhelden Vasil Levski geführt. Nach der Schaffung des bulgarischen Staates wurde es zweimal um- und ausgebaut und fungierte während der Monarchie als Zarenschloss. Seit 1954 ist hier die Nationalgalerie beheimatet. Die Sammlung bulgarischer Kunst von der Mitte des 19. Jhs. bis zur Gegenwart ist aber nicht so attraktiv wie das Gebäude selbst. Zu den interessanteren Werken gehören diejenigen aus der Malerschule von Samokov mit Zaharij Zograph an der Spitze, die Bilder Canko Lavrenovs vom alten Plovdiv oder die Dorflandschaften Vasil Barakovs. Im selben Gebäude befindet sich das kleine

Ethnografische Museum (Mi–So 10 bis 12.30 und 13.30–18 Uhr), dessen Sammlung vor allem ländliche Trachten und Volkskunsterzeugnisse enthält. *Pl. Aleksandâr Batenberg, Mo–Fr 10–19 Uhr*

GALERIEN

Die bildende Kunst war in der zweiten Hälfte der sozialistischen Ära nicht so scharfen Restriktionen ausgesetzt wie andere Kulturbereiche. Meist wurde Experimentierfreude geduldet. Daher haben Maler und Bildhauer einiges an attraktiven Werken anzubieten. Über die wichtigsten Trends kann man sich in der Hauptstadt einen guten Überblick verschaffen, sollte dazu aber unbedingt mehrere, auch kleinere Galerien aufsuchen. Zu den interessantesten gehören: *Aleksandâr (Ul. 6 septemvri 55 a), Dosev (Ul. Rakovski 125), Krida-Art (Ul. Moskovska 11), Makta (Ul. Lajoš Košut 26), Vitoša (Bul. Vitoša 18).* Erwähnenswert ist auch die *ständige Ausstellung* der Stiftung *Sv. Sv. Kiril i Metodij (Pl. Aleksandâr Nevski, Mi–Mo 10.30 bis 18.30 Uhr),* in der westeuropäische, afrikanische, indische, japanische und südamerikanische Künstler vertreten sind. Zu den bekanntesten Objekten zählen hier Werke von Albert Marquet und Jules Pascin.

PARKS

Borisova gradina (Borisgarten) (U/E–F 6)

Der größte Park in Sofia. Sonntags ist er der Hauptanziehungspunkt für Spaziergänger. Hier geben Künstler aller Art ihre Vorstellungen. *Vom Bul. Car Osvoboditel abgehend*

Gradska gradina (Stadtgarten) (U/C 4–5)

Eine Ruheoase, die zu jeder Zeit für eine Atempause bestens geeignet ist. *Mitten im Zentrum Sofias, an der Ul. Vasil Levski*

Južen park (Südpark) (O)

✪ Wer ein großes Areal liebt, aber das satte Grün in einer ruhigeren Anlage genießen will, sollte den Einheimischen folgen, die den Südpark dem Borisgarten vorziehen. *Beim Bul. Vitoša*

RESTAURANTS

Öffnungszeiten meist täglich 11.30 bis 15 und 18–23 Uhr

Bâlgarija (U/C 4)

Einst der Klassiker. Wenngleich ein wenig heruntergekommen, immer noch eine solide bulgarische Küche und ein schöner Garten im Hinterhof. *Bul. Car Osvoboditel 4, €€*

Berlin (U/E 4)

Wenn Sie das dringende Bedürfnis nach deutscher Küche haben sollten, ist das in Sofia die einzige Rettung. *Bul. Janko Sakâzov 2, €€*

Biad (U/C 5)

Mediterrane Küche bei leichter Musik. Vorzügliche Fische und Meeresfrüchte. Im Eingangsbereich befindet sich ein kleiner Kiosk für höherwertige Souvenirs. *Ul. General Gurko 16a, So geschl., €€*

Budapešta (U/C 5)

✪ In den Achtzigerjahren das beste Speiselokal in der Stadtmitte; auch heute noch breites Angebot, darunter mitteleuropäische Gerichte. *Ul. Rakovski 145, €–€€*

Evropa (U/C 4)

Wie der Name sagt: europäische Küche, darunter auch bulgarische Spezialitäten, zu moderaten Preisen. *Ul. Alabin 35, €€*

Kâštata (O)

»Das Haus« (so der Name des Restaurants) bietet eine gute Auswahl an nationalen Gerichten und viel Fisch. Sehr angenehmer Sommergarten. *Ul. Verila 4, €€–€€€*

Klub-restoran na Sâjuza na bâlgarskite žurnalisti (U/D 6)

✪ Im Clubrestaurant des Verbands der bulgarischen Journalisten gibt es mittags bulgarische Küche fast wie bei Muttern, abends solide einheimische Gerichte im Umfeld angeregter Unterhaltung. *Ul. Graf Ignatiev 4, Sa und So geschl., €*

Preslav (U/B 4)

Das zum Hotel Sheraton gehörende Restaurant ist das luxuriöseste in der Stadt. Vorzügliche internationale Küche in gedämpfter, etwas dunkler Atmosphäre. *Pl. Sveta Nedelja 5, €€€*

Ruski Klub (U/C 5)

✪ Krim-Restaurant mit vorzüglicher russischer Küche und gediegener Atmosphäre. *Ul. Slavjanska 14, €€€*

EINKAUFEN

Auf den Straßenzügen *Bul. Vitoša, Bul. Aleksandâr Stambolijski* und *Ul. Graf Ignatiev* (hier vor allem um den *Pl. Slavejkov*) und in ihrer unmittelbaren Umgebung befinden sich nach wie vor die wichtigsten Geschäfte und kompaktesten Einkaufszonen. Das

Das größte – aber nur was die Ausdehnung betrifft: Kaufhaus Cum

CUM (*Bul. Knjaginja Marija Luiza 2*) ist das größte Warenhaus geblieben, und nach dem umfassenden Umbau zu Beginn des Jahres 1999 hat es an Qualität erheblich gewonnen.

Anspruchsvolle Mode werden Sie in kleinen Boutiquen auf dem mittleren und südlichen Teil vom *Bul. Vitoša* finden, etwa bei *Bitiani* auf dem *Bul. Vitoša 32, 32a und 32b* oder bei *Tinti* (*Bul. Vitoša 56*), bulgarische Mode bei *Valentina* (*Ul. Graf Ignatiev 66*). Schönes Kunsthandwerk wird in verschiedenen Verbandsfilialen auf dem *Bul. Car Osvoboditel 4, Bul. Vitoša 14* und *Pl. Makedonija 6* angeboten. Wenn Sie bessere Souvenirs suchen, sind Sie hier richtig sowie im *Bul. Vitoša 4, Ul. Alabin 42, Ul. Lege 7* und *in den Unterführungen unter dem Kaufhaus CUM und dem Kulturpalast (NDK), Pl. Bâlgarija 1.* Gegenstände aus Marmor und Halbedelsteinen sind auf dem *Bul. Car Osvoboditel 10,* Kristall

und Porzellan auf dem *Bul. Vitoša 8* zu erstehen. Die erste Adresse für Pelzmäntel ist *Koftor 92* (*Bul. Vitoša 28*), ansprechende Leder- und Pelzbekleidung sowie Handtaschen führen verschiedene kleinere Geschäfte um den *Pl. Slavejkov,* wo auch das Angebot an Lederwaren überdurchschnittlich ausfällt. Wer teuren Schmuck und Uhren sucht, sollte sich zu *Golden Art-Hemos* (*Bul. Vitoša 62*) oder zu *Diamant* (*Bul. Patriarh Evtimij 51*) begeben. Freunde der klassischen Musik werden bei *Balkanton* (*Bul. Aleksandâr Stambolijski 38, Bul. Knjaginja Marija Luiza 29, Pl. Slavejkov*) vorzügliche Aufnahmen zu erstaunlichen Preisen finden, Volks- und Popmusik (vorwiegend Kassetten) gibt es reichlich beim Straßenhandel auf dem *Bul. Vitoša* und *Pl. Slavejkov.*

Der zentrale *Markt* für Obst und Gemüse befindet sich auf dem *Bul. Stefan Stambolov,* einzelne Stände, vor allem mit Obst,

Blumen und Büchern, verteilen sich aber über die gesamte Stadtmitte, insbesondere auf dem *Pl. Slavejkov*. Die *Markthallen (Bul. Knjaginja Marija Luiza)* werden zurzeit restauriert.

Bâlgarija   (U/C 4)

Das Haus hat gelitten. Aber man spürt noch, dass es einst ein Stück Mitteleuropa auf dem Balkan war. *74 Zi., 6 Ap., Bul. Car Osvoboditel 4, Tel. 02/987 19 77 oder 987 01 91, Fax 988 41 77,* €€–€€€

Grand Hotel Sofija   (U/D 5)

Das bekannte Hotel direkt gegenüber dem Parlamentsgebäude wird zurzeit umgebaut und soll unter neuem Namen wieder eröffnet werden. Bei Redaktionsschluss waren noch keine Einzelheiten bekant. *Pl. Narodno Sâbranie,* €€€

Kempinski Hotel Zografski   (O)

Das Hotel steht dem Sheraton an Luxus und Preisniveau kaum nach, hat sogar einiges mehr anzubieten (Sauna, Schwimmbad, Kasino). Nachteil: längerer Weg zur Stadtmitte. *443 Zi., 13 Ap., Bul. Džejms Bušié 100, Tel. 02/625 18, Fax 68 12 25,* €€€

Kopitoto   (O)

Oberhalb vom Stadtteil Knjaževo am Fuße des Vitoša-Gebirges gelegen, erschwinglich; mittleres Niveau. *38 Zi. und Ap., Tel. 02/57 00 93,* €€

Moriah Hotel Flats

Zentral gelegene Apartments für zwei bis sechs Personen zu moderaten Preisen. Buchungen telefonisch oder online. *Tel. 02/52 43 13 oder 048 90 12 21, www.bright-bg.net/moriah/,* €€

Park Hotel Amfora   (O)

Kleines, liebevoll geführtes Haus mit großem Garten am Fuß des Vitoša-Gebirges. *14 Zi., Knjaževo Bul. Car Boris III. 409, Tel. 02/57 06 61 oder 957 15 09, Fax 57 33 79, www.hotelamfora.dir.bg,* €€

Sheraton Sofija Hotel Balkan (U/B 4)

Luxusinsel im Stadtkern, nebenan ist der Sitz des Staatspräsidenten. *154 Zi., 34 Ap., Pl. Sveta Nedelja 5, Tel. 02/981 65 41, Fax 980 64 64, www.luxurycollection.com/sofia,* €€€

Slavjanska beseda   (U/C 5)

Dieses Hotel bietet erschwingliche untere Mittelklasse in zentraler Lage. *107 Zi., 10 Ap., Ul. Slavjanska 3, Tel. 02/988 04 41, Fax 981 25 23,* €€

Einen Überblick über die wichtigsten Adressen und einige Veranstaltungen auf kulturellem Gebiet gibt der vierteljährlich in englischer Sprache erscheinende *Sofia Quick Guide*. Über viele der größeren Veranstaltungen wird man im *Konzertbüro* auf dem *Bul. Car Osvoboditel 2* (**U/C 4**, *Tel. 02/987 15 88*) oder über die *Vorverkaufsstelle im Kulturpalast* (**O**, *NDK, Tel. 02/91 66 23 69*) informiert.

In Sachen klassischer Musik, Oper, Ballett und Theater bietet Sofia Exzellentes zu niedrigen Preisen an. Die bedeutendsten symfonischen Konzerte finden im NDK statt, zu dessen Programm auch Opern- und Ballettaufführungen, Kammermusik- und Jazzkonzerte gehören. Auch im traditionellen *Bulgarien-Saal* (**U/D 5**,

Das Nationaltheater Ivan Vazov liegt schön direkt am Stadtgarten

Zala Bâlgarija, Ul. Aksakov 1, Tel. 02/987 76 56) ist Vorzügliches an klassischer Musik zu hören. Die *Nationaloper (U/D 4, Ul. Vrabča 1, Tel. 02/987 70 11)* hat einige Weltstars hervorgebracht.

Wer seine Klassiker gut kennt, wird auch ohne Bulgarisch zu verstehen an einem Theaterabend Freude haben. Im *Nationaltheater Ivan Vazov (U/C 5, Ul. Vasil Levski 5, Tel. 02/987 48 31)* werden Klassiker der bulgarischen und der internationalen Literatur gespielt. Die Moderne und größere Experimentierfreude sind im *Theater der bulgarischen Armee (U/C 4, Ul. Rakovski 98, Tel. 02/988 43 65)* anzutreffen. Niveauvollen Humor verbreitet das *Satirische Theater Aleko Konstantinov (U/C 5, Ul. Stefan Karadža 26, Tel. 02/988 46 11).*

Außerhalb der Restaurants mit dem entsprechenden Programm wird man kaum Folklore finden, abgesehen von den größeren Konzerten im NDK und beim Festival im November auch wenig Jazz. An *Diskos* in westlichem Stil hingegen hat Sofia aufgeholt, auch wenn sich Zahl und Glamour immer noch in bescheidenen Maßstäben bewegen. Zu den größten zählt *Neron* im *NDK-Komplex* (**O**) mit gemischtem Publikum, zu den beliebtesten bei der einheimischen Jugend gehören ✪ ☤ *Spartacus (U/E 5, in der Unterführung unter dem Bul. Car Osvoboditel und dem Bul. Vasil Levski)* nahe der Universität und ✪ ☤ *Červilo (U/D 4, Ecke Bul. Car Osvoboditel und Ul. Rakovski).*

Balkantourist

Das zentrale Büro *(U/B 5, Bul. Vitoša 1, Tel. 02/433 31, Fax 981 01 14, Mo–Fr 9–18 Uhr)* gibt auch Auskunft über Privatquartiere.

Bojana   (112/C 1)

8 km südlich des Stadtzentrums ließen zahlreiche Spitzenfunktionäre der Kommunistischen Partei

ihre Villen und Todor Schivkov die Residenz bauen, die nach wie vor als Repräsentationssitz des Staatspräsidenten genutzt wird. Größere historische Bedeutung erlangte der Ort durch die ★ *Kirche,* die den Namen des Ortes trägt und in die Unescoliste der Kulturdenkmäler aufgenommen wurde. Sie stammt aus dem 11. Jh., 1259 kam dann ein Anbau mit wundervollen Wandmalereien hinzu, die ihren Ruhm begründeten. Biblische Szenen, Bilder von geistlichen und weltlichen Führern, aber auch realistische Spiegelungen des Alltags finden sich unter den Fresken, die als die Krone der mittelalterlichen bulgarischen Malerei gelten. Ihr Schöpfer ist unbekannt geblieben, weswegen er stets als der »Meister von Bojana« apostrophiert wird. *Mo–Fr 9–17 Uhr*

Dragalevci (112/C 1)

Vom Dragalevci-Kloster aus dem 14. Jh. ist lediglich die Kirche erhalten geblieben. Das Kloster spielte als Bildungszentrum eine bedeutende Rolle in der Periode der nationalen Wiedergeburt und beherbergte eine Zeit lang sogar den Nationalhelden Vasil Levski. In der Kirche sind Wandmalereien aus dem 14.–16. Jh. erhalten.

Eine alte Mühle im Ort 10 km südlich vom Zentrum ist renoviert worden und dient nun als *Restaurant (Vodenicata, Tel. 02/ 967 10 58, €€),* in dem traditionelle bulgarische Gerichte serviert werden. Nicht weit davon können Sie in die Sesselbahn einsteigen, die Sie zum ◣◢ *Hotel Štastliveca (Tel. 02/967 11 82, €€)* mit Caférestaurant bringt. Sie können aber auch mit dem Bus

Nr. 66 zum ◣◢ Wintersportgebiet *Aleko* gelangen, das seinen Namen derselben Person verdankt wie das erwähnte Hotel: Aleko Konstantinov (1863–1897), dem begnadetsten bulgarischen Humoristen, Schöpfer des »Baj Ganju«, der den Prototypen des ländlichen Bulgaren verkörpert. Nach Aleko Konstantinov, der sich selbst als »Glückskind« (Štastliveca) bezeichnete, ist auch das satirische Theater in Sofia benannt.

Erste Adresse für die Stars aus Show, Film und Politik ist derzeit jedoch das Hotelrestaurant Schloss Hrankov, eine luxuriöse Anlage mit einem ausgedehnten Fitnesszentrum, das Restaurant mit vorzüglicher bulgarischer Küche und Meeresfrüchten *(Zamâka Hrankov, Ul. Kruševa gradina 53, Tel. 02/919 09 oder 67 29 29, Fax 67 29 45 oder 67 29 85, €€€).*

Ljulin (112/B 1)

Der Ljulin bildet den westlichen Teil der Bergkette, die das Sofioter Tal umschließt. Er ist bedeutend niedriger, kleiner und leichter zugänglich als das Vitoša-Gebirge, hat ein sanft abgerundetes Relief und gemäßigt steile Abhänge. Sein höchster Teil liegt zwischen 1200 und 1500 m. Ausgedehnte Bergwiesen mit vielen Blumen säumen den Bergrücken. Die meisten seiner Abhänge sind bewaldet (vorwiegend Buchen), wegen seiner anheimelnden Lichtungen und schattigen Wanderwege ist er ein beliebtes Ausflugsziel der Hauptstädter, zumal er auch Pisten für Skifahrer bietet.

Von Sofia aus geht es mit dem Zug nach Bankja, von dort führen schöne Wanderwege zur *Berg-*

hütte Bonsovi poljani im Ostteil und zur *Berghütte Ljulin* im Westteil; beide Wanderungen dauern etwa zwei Stunden. Man kann auch mit dem Bus von der Haltestelle Ovča Kupel in Sofia aus direkt zur Berghütte Bonsovi poljani gelangen.

Skaklja (O)

Das Naturschutzgebiet im Norden der Hauptstadt liegt an einem der kleinen Nebenflüsse des Iskâr, der Sâselska (»Siebenschläferin«). Die Flussmündung wird von steilen Bergabhängen eingeengt. Allmählich weitet sich das Flusstal bergauf aus und begibt sich in den Schutz eines bis zu 200 m hohen Felsenbogens.

Schon von weitem sieht man etwa in der Mitte der Felswand den leuchtenden *Wasserfall Skaklja;* vor allem im Frühling, wenn das Schmelzwasser ihn besonders stark gemacht hat, ist er eine Augenweide. Seine erste Stufe hat eine Höhe von 85 m, die zweite erreicht 20 m. Bergab folgen weitere Stromschnellen. Die Umgebung des Flusslaufs ist ausgesprochen malerisch und gehörte einst zu den Lieblingszielen des Nationaldichters Ivan Vazov, nach dem der von ihm bevorzugte Wanderpfad auch benannt ist. Von Sofia nimmt man den Zug in Richtung Vraca bis zur Bahnstation Bov (eine Stunde), von dort sind es dann noch etwa 45 Minuten bis zum Wasserfall.

Vitoša-Gebirge (112/C 1)

★ Im Naherholungsgebiet der Sofioter befinden sich viele schöne Ausflugsziele. Zum höchsten Gipfel des Vitoša-Gebirges, dem *Černi vrâh* (»Schwarzer Gipfel«, 2280 m), kann man nach einer schönen, aber anstrengenden mehrstündigen Wanderung vom Hotel Štastliveca aus gelangen. Von der Stadtmitte Sofias aus fährt man mit der Straßenbahn Linie 2 (von Ul. Graf Ignatiev oder Ul. Patriarh Evtimij) bis zur Haltestelle Hladilnika und steigt dort in den Bus (Linie 66) um. Der führt direkt zum Hotel, man kann aber auch vorher in *Dragalevci* aussteigen und in der Nähe des Caférestaurants Vodeničarski mehani den Sessellift nehmen.

Wer die mehrstündige Anstrengung vermeiden will, kann sich vom Hotel Prostor aus, etwas unterhalb vom Hotel Štastliveca gelegen, mit dem Lift zum Westhang des *Gipfels Malâk Rezen* tragen lassen, von wo aus man in etwa einer Stunde zu den *Goldenen Brücken (Zlatni mostove)* oberhalb eines kleinen Bachs, an dem sich einst Goldgräber tummelten, gelangt. Hier befindet sich auch der so genannte *Steinerne Fluss,* riesige Geröllbrocken, die sich das Gebirge hinunterzustürzen scheinen. Weitere eineinhalb bis zwei Stunden braucht man von hier bis zum Gipfel *Černi vrâh.*

Verkehrsverbindungen: Straßenbahn Linie 5 von der Rückseite des Nationalen Historischen Museums aus bis Ovča Kupel, von dort mit dem Bus Linie 61 bis Knjaževo, dann mit dem Sessellift zum ✄ Hotel Kopitoto (mit Caférestaurant). Von hier aus erreichen Sie nach einer schönen eineinhalbstündigen Wanderung die *Goldenen Brücken.* Von der Ovča Kupel fährt die Buslinie 62 zum Caférestaurant Zlatni mostove direkt beim *Steinernen Fluss.*

Die Gipfel und Seen von Pirin und Rila

Abseits der Touristenpfade die Natur genießen

Wer zumindest einen Teil seines Urlaubs abseits vom touristischen Rummel verbringen und dabei so etwas wie das »eigentliche« Bulgarien aufspüren will, wird im Südwesten reichlich belohnt. Mit seinen beiden Massiven Rila und Pirin, mit seiner Fülle an Gebirgsseen, Flüssen und Mineralquellen und mit seinen malerischen Ortschaften präsentiert das Gebiet landschaftliche Vielfalt in selten bewahrter Ursprünglichkeit. Man merkt rasch, dass es zu den am wenigsten industrialisierten und am dünnsten besiedelten Teilen des Landes gehört. Beherrschend sind die beiden Gebirgszüge Pirin und Rila, von denen der Pirin etwas wilder ausfällt, doch ist auch er ein leicht zugänglich. Wegen des seltenen Reichtums und der Vielfalt der Pflanzen und Tiere wurde ein Teil des Pirin-Gebirges zum Nationalpark erklärt, der unter Unesco-Schutz steht. Gebirgswanderrouten führen zu den Gipfeln Vichren (2914 m), Kutelo (2908 m) und Todorka (2746 m), wobei sich als bester Ausgangspunkt der Ort Bansko eignet. Vielleicht noch eindrucksvollere Bilder bietet das Rila-Gebirge mit seinen 132 Zweitausendern, von denen 78 über 2500 m erreichen, darunter der Musala, mit 2925 m die höchste Bergspitze Südosteuropas. Zwischen den spitzen Bergzacken liegen in deutlich umrissenen Gletschertälern die »Augen« des Gebirges: 140 Seen aus der Eiszeit. Eine Augenweide ist vor allem der Anblick der sieben Rila-Seen auf 2200 bis 2500 m Höhe. Im Rila-Gebirge entspringen auch die von der Donau abgesehen größten Flüsse des Landes, Iskâr, Marica und Mesta, sowie zahlreiche Mineralquellen, weswegen sich im Südwesten viele Heilbäder und Kurzentren konzentrieren (Sandanski, Velingrad, Devin, Kjustendil). Den günstigsten Startpunkt für ausgedehnte Wanderungen bietet der Höhenkurort Borovec, eines der Wintersportzentren Bulgariens.

Mit der bulgarischen Geschichte wird man vor allem durch die Klöster in Berührung

Reich verziert sind die Kuppeln im Inneren des Rila-Klosters in den Rhodopen. Die bedeutendsten bulgarischen Maler halfen mit, dem Kloster nach dem Brand 1833 wieder seinen alten Glanz zurückzugeben

kommen, in erster Linie natürlich durch das Nationalheiligtum in Rila, dann durch die Anlage von Rožen, in der Nähe Melniks gelegen. Aber auch die bewegte Vergangenheit und vielleicht zuweilen die Gegenwart Makedoniens wird beim Bummeln durch die Ortschaften lebendig. Denn der Südwesten beherbergt mit dem Pirin-Gebiet jenen Teil von Makedonien, der bei der Dreiteilung 1913 an Bulgarien fiel. Zahlreiche Denkmäler, Museen und Städtenamen sind berühmten Vertretern der makedonischen Bewegung wie etwa Goce Delčev oder Jane Sandanski gewidmet.

Für die Bulgaren ist diese Bewegung ein Teil ihrer eigenen Geschichte, denn für sie gehören die Makedonier und die makedonische Geschichte zur bulgarischen Nation. In der Vergangenheit hat dies häufig zu Konflikten mit den Nachbarn geführt, aber heute bemüht sich Sofia um eine Beruhigung und hat auch die (früher jugoslawische) Republik Makedonien anerkannt.

BANSKO

(113/D 5) ❄ Am Fuße des Pirin-Gebirges im Tal von Razlog, 930 m über dem Meeresspiegel, liegt der Eingang zum Nationalpark Pirin – die 12 000 Menschen zählende Gemeinde Bansko. In den letzten Jahren hat sich dieses Gebiet, für das lange Winter und kurze, ziemlich kühle Sommer kennzeichnend sind, zu einem der Wintersportzentren des Landes entwickelt. Wer aber in die Stadt kommt, wird rasch merken, warum sie auch in der schneefreien Zeit Reisende anzieht:

Weitaus besser als in den meisten anderen Städten fügen sich im Stadtzentrum die Neubauten mit den zahlreichen bewahrten Teilen des alten Kerns zusammen. Den Gebäuden aus dem 18. und 19. Jh. sieht man an, dass hier einiges an Reichtum konzentriert war. Vor allem dank Handel und Handwerk, aber auch dank seiner Lage an der Verbindungslinie zwischen Ägäis und Mitteleuropa hatte sich Bansko im 18. Jh. zu einem blühenden Zentrum der Region entwickelt.

Die alten Häuser in Bansko haben zwei Gesichter und erinnern an die Klosterarchitektur. Zur Straße erhebt sich eine strenge, fast abweisende Steinfassade. Umso freundlicher wirkt der Innenhof mit Balkons, geschnitzten Holzgeländern und schlanken Säulen. An den beiden bedeutendsten Kirchenbauten, der Sveta Troica und der Sveta Bogorodica, wird sichtbar, dass Bansko auch eine hervorragende Schule für Ikonenmalerei und Holzschnitzerei hervorgebracht hat. Nicht zuletzt ist es auch der Geburtsort einiger berühmter Bulgaren, etwa von Paisij Hilendarski, der die erste slawisch-bulgarische Geschichte schrieb, von Neofit Rilski, einer der Schlüsselfiguren unter den nationalen Erweckern im 19. Jh., und von Nikola Vapcarov, einem revolutionären Dichter, der 1942 zusammen mit prominenten Führern der verbotenen Kommunistischen Partei hingerichtet wurde. Mindestens ebenso stolz sind die Menschen in Bansko auf eine andere, etwas weniger historische, aber nichtsdestotrotz belegte Tatsache: Sie verzeichnen die niedrigste Scheidungsrate Bulgariens.

MARCO POLO TIPPS FÜR SÜDWEST-BULGARIEN

1 **Rila-Kloster**
Das Nationalheiligtum der Bulgaren – eine architektonische Augenweide voller kulturhistorischer Schätze (Seite 56)

2 **Melnik**
Die kleinste Stadt Bulgariens – zwischen Weinbergen und Ruinen steigen die Häuser steil an (Seite 58)

BESICHTIGUNGEN

Sveta Bogorodica (Kirche der hl. Gottesmutter)
Ikonen und Holzschnitzereien von Toma Višanov-Molera, dem Begründer der Banskoer Schule, sind in dieser 1774 errichteten, 1808 erneuerten Friedhofskirche zu sehen. *Im Friedhofsgelände an der Ul. Damjanov*

Sveta Troica (Dreifaltigkeitskirche)
Dimitâr und Simeon Molerov, Sohn und Enkel von Toma Višanov-Molera, schufen die Ikonen dieser 1835–37 gebauten Kirche. *In der Nähe vom Pl. Vâzraždane*

Wiedergeburtsarchitektur
Die Hofansicht, die Holzschnitzereien und die Wandmalereien sind bei diesen Gebäuden aus dem 18. und 19. Jh. besonders bemerkenswert: Das *Sirleštov-Haus,* das *Veljanov-Haus,* das *Bunov-Haus* und das *Hadživalchov-Haus* befinden sich im Altstadtbereich.

Besonders interessant ist das *Neofit-Rilski-Haus.* Hier kann man Nachbildungen der damaligen Einrichtung besichtigen. *Unmittelbar hinter der Dreifaltigkeitskirche, Di–Sa 9–12 und 14–17 Uhr*

MUSEUM

Ikonografski muzej (Ikonenmuseum)
Leben und Werk der berühmten Ikonenmaler aus Bansko, Toma Višanov-Molera, Sohn Dimitâr und Enkel Simeon, sind hier gut dokumentiert. *Ecke Ul. Jane Sandanski / Ul. Nikola Vapcarov, Di–Sa 9–12 und 14–17 Uhr*

RESTAURANT

Kompleks Ovčarnik
4 km nordöstlich von Bansko, im Dörfchen Banja, gibt es im Hotelrestaurant Ovčarnik einheimische Fleischgerichte im kleinen Steinguttopf. €

ÜBERNACHTUNG

Bansko Hotel
Luxiuröses Haus, 400 m vom Stadtkern, mit Restaurant, Fitnessraum und Sauna. *51 Zi., Ul. Glazne 17, Tel. 07443/42 21 oder 42 75, Fax 43 53,* €€

Glazne Hotel Kompleks
Traditionsreiche Oase mit großem Sportzentrum. *23 Zi., Ap. und Villas, Ul. Panajot Hitov 2, Tel. 07443/41 51, Fax 26 54,* €€

Das einzige Informationsbüro ist geschlossen worden. Auskünfte erteilen die Hotels, auch über Anlaufstellen für Privatquartiere.

ZIELE IN DER UMGEBUNG

Mineralbäder

Heilbäder und Klimatherapien gibt es in vielen Orten im Südwesten, das größte ist *Sandanski* (**112/C 6**), das Zentrum für Kuren in der Region. Als »größter Heilpark des Bronchialasthmas« gilt das *Balneohotel Sandanski (östlich der Stadt, 291 Zi., Tel. 0746/251 65, €€–€€€).* In *Velingrad* (**113/E 4**) ist man auf Phytotherapie (Behandlung auf pflanzlicher Basis) spezialisiert und in *Kjustendil* (**112/A 3**) auf Moorbäder.

Pirin-Wanderungen   (112/C 5)

Ausgangspunkt für Wanderungen im Nationalpark ist Bansko. Touren werden auch von der örtlichen Touristeninformation organisiert, wie zum Beispiel die *Vichren-Tour* (6 Stunden): Man fährt mit dem Bus zur *Hütte Banderica,* von wo die Wanderung zum *Vichren-Gipfel* (2914 m) beginnt. Der Weg führt am ältesten Baum Bulgariens, einer Bergkiefer, vorbei. Zur *Demjanica-Hütte* (6 Stunden) startet man ebenfalls mit dem Bus zur *Siligarnika-Gegend,* dann geht's mit dem Lift zum *Todorka-Gipfel* (2746 m). Dort beginnt die Wanderung am *Karkamsko-See* vorbei zurück nach Bansko.

Rila-Wanderungen   (113/D 3)

Die schönsten und beliebtesten Wanderziele im Rila-Gebirge: *Musala-Tour* (7 Stunden): Die Wanderung auf den höchsten Gipfel Südosteuropas (2925 m) startet von *Borovec.* Mit dem Sessellift fährt man zum *Jastrebec-Gipfel,* von dort geht es über die *Musala-Hütte* und die sieben *Rila-Seen* zum ◣◢ *Gipfel,* der eine herrliche Sicht auf alle Gebirge Bulgariens bietet: auf Rila, die Schluchten des Pirin im Süden, auf den Vitoša im Nordwesten und auf die Rhodopen im Osten.

Sieben Rila-Seen: Von *Borovec* fährt man mit dem Bus zur *Vada-Hütte,* ab da beginnt die dreistündige Wanderung zu der faszinierenden Ansammlung von Gebirgsseen. In der Nähe des sechsten, des Fischsees, liegt die *Hütte Sedemte ezera* mit 100 Betten. Von hier aus kann man über das schöne *Gebirgsfeld Partizanska poljana* in sechs Stunden zum *Rila-Kloster* wandern.

Einzelwanderer werden gut beraten, können Hütten buchen und Karten kaufen in der *Reiseagentur Pirin in Sofia, Bul. Aleksandâr Stambolijski 30, Tel. 02/ 988 41 22.*

Günstigster Ausgangspunkt für Rila-Wanderungen ist *Borovec.* Die *Touristeninformation,* die in verschiedenen Hotels vertreten ist – das größte Büro ist im *Hotel Samokov, Tel. 07218/306 oder 581 –,* organisiert Wanderungen.

Rilski manastir (Rila-Kloster)   (112/C 3)

★ ◣◢ Auf 1147 m Höhe, mitten in einem satten Laubwald, stößt man unvermutet auf eine bis zu 24 m hohe Festungsmauer. Von außen weist nichts darauf hin, dass man hier etwas anderes finden wird als die Überreste einer Burg, fast scheint es, als wolle das mächtige Gemäuer den Zutritt verwehren. Am Ende des einzi-

Harmonie in Farbe und Form: Kirche der hl. Gottesmutter im Rila-Kloster

gen Zugangs im Süden steht man dann gebannt vor der faszinierenden Schönheit, Ruhe und Harmonie, die die Anlage verbreitet.

Das Kloster wurde im 10. Jh. von dem Einsiedler Ivan Rilski gegründet. Die Gebeine Ivan Rilskis, die im 15. Jh. von Târnovo hierher überführt wurden, liegen 2 km außerhalb der Klosteranlage in der Nähe der *Kapelle Sveti Luka* (heiliger Lukas) und der Höhle, in der der Legende zufolge der Klosterbegründer lange Zeit lebte. Die Anlage wurde häufig zerstört und musste zweimal ihren Standort wechseln. Der heutige ist seit dem 14. Jh. bestehen geblieben, etwa 4 km vom ursprünglichen entfernt.

Als einziges Gebäude aus dieser Zeit ist der 1335 errichtete *Chreljo-Turm* erhalten, benannt nach seinem Bauherrn Dragovol Chreljo, der sich als unabhängiger Herrscher hier niedergelas-

sen hatte. Alles andere stammt aus dem 1816 begonnenen Neubau, der durch einen großen Brand 1833 unterbrochen wurde und bis 1870 im Wesentlichen abgeschlossen war. Mittelpunkt und Krone der Kunstschätze ist die Hauptkirche *Sveta Bogorodica* (heilige Gottesmutter), eine Kombination der alten, dreischiffigen Basilika mit der Kreuzkuppelkirche vom Berg Athos und der italienischen Kuppelkirche. An ihr haben die bekanntesten Meister der bulgarischen Architektur, Malerei und Holzschnitzerei aus der Periode der nationalen Wiedergeburt mitgewirkt. Hervorstechend sind die leuchtenden Fresken im Innenraum wie in den Laubengängen und der vergoldete Ikonostas (Altarwand) mit 36 Figuren. In der Hauptkirche befindet sich auch das Grab von Boris III., dem letzten bulgarischen Zaren.

Sehenswert sind auch das *Museum* mit der Originaltür des Chreljo-Turms aus dem 14. Jh., Ikonen aus dem 14. und 15. Jh. und das hölzerne Kreuz des Mönchs Rafail, ein Meisterwerk der Miniaturschnitzerei, die Wandmalereien aus dem 14. Jh., die sich im Chreljo-Turm selbst befinden, und das Original der Klosterküche von 1817 mit allen Geräten von damals. *Die Anlage ist täglich von der Morgen- bis zur Abenddämmerung geöffnet, aber die musealen Einrichtungen und die Kirche schließen um 17 Uhr.*

Die schönste Übernachtungsmöglichkeit bietet das Kloster selbst: Für knapp 10 Euro pro Person kann einer der Gasträume gebucht werden. Nur 2 km östlich vom Kloster finden Sie das *Hotel Rilec (84 Zi., Tel. 07054/ 21 06, €–€€),* ein einfaches, angenehmes Haus. Unmittelbar neben dem Kloster werden im *Restaurant Rila (€)* bulgarische Grillgerichte serviert. Man hat einen schönen Ausblick von der allerdings etwas kleinen ☀ Terrasse.

MELNIK

(112/C6) ★ Die kleinste Stadt Bulgariens hatte 1880 noch 20 000 Ew., nur 1000 weniger, als Sofia damals zählte. Der zweite Balkankrieg im Jahr 1913 zerstörte sie fast vollständig und mit ihr ihre Handelswege. Heute leben hier 570 Menschen – hauptsächlich von Wein, Tabak und Tourismus. Es ist nicht nur die Einwohnerzahl, die dem zwischen Sandsteinpyramiden verborgenen Ort eine etwas unwirkliche Atmosphäre verleiht. Irgendwie wird der Besucher ständig zwischen

ruinösen und märchenhaften Anblicken hin- und hergerissen. Auf der einen Seite weisen die Ruinen, deren Zahl die der bewohnten Häuser bei weitem übersteigt, immer wieder auf den Verfall dieses Ortes hin. Auf der anderen Seite steigen aber inmitten der steilen Hänge der malerischen Sandsteinfelsen wie in einem Amphitheater einzigartige Denkmäler der älteren und neueren Baukunst auf, die wunderschöne Holzschnitzereien, Ikonen, Glas- und Wandmalereien beherbergen. Durch zackige Felsen winden sich von Gras und Wermut gesäumte ☀ Pfade, an deren Ende ein traumhafter Ausblick winkt, und dazwischen immer wieder das, was Melnik berühmt gemacht hat – die Rebstöcke, denen der schwere, dunkelrote Wein der Gegend zu danken ist.

Von den früher einmal mehr als 3600 architektonisch bedeutsamen Wohnhäusern sind nicht viel mehr als 100 Exemplare erhalten geblieben, darunter befinden sich zahlreiche Prachtstücke. Aber auch die einfacheren Häuser sind sehenswert. Besonders faszinierend sind die weiten Weinkeller, die kilometerweit unter den Felsen und den Häusern ausgehöhlt wurden, damit eine beständige Temperatur gewährleistet war.

BESICHTIGUNGEN

Alle Sehenswürdigkeiten befinden sich nahe der Hauptstraße.

Boljarskata kâšta (Bojaren-Haus)
Das älteste Haus der Stadt aus dem 10. oder 11. Jh. ist leider nicht mehr gut erhalten. Es gehörte einst dem Despoten Slav.

Kordopulovata kâšta
(Kordopulov-Haus)

Das vierstöckige Haus stammt aus dem Jahre 1754 und gehörte einem Weinhändler. Besonders schön sind die 24 zweireihigen Fenster im Salon, die obere Reihe ist aus venezianischem Farbglas. *Di–So 9–12 und 14–18 Uhr*

Sveti Nikolaj Čudotvorec
(Kirche des Wundertäters)

Die Kirche des Wundertäters aus dem Jahre 1756 ist die bedeutendste der fünf mittelalterlichen Kirchen; im Inneren faszinieren die Ikonen und Wandmalereien unbekannter Maler.

MUSEUM

Gradski muzej
(Städtisches Museum)

Objekte aus Melnik und Umgebung aus verschiedenen Epochen in einem Gebäude nahe dem Kordopulov-Haus und dem Menčev-Haus. Sehenswert auch das frühere Domizil des Museums, das Pašov-Haus von 1815 mit wunderschönen holzgeschnitzten Zimmerdecken und Marmorkaminen.

RESTAURANTS

Verschiedene Weinkeller, *vinarna*, im Zentrum des Ortes kredenzen Durstigen das wichtigste Produkt von Melnik.

Lumparova Kâšta

Einheimische Spezialitäten im rustikalen Ambiente der Region. *Auf dem Fußweg zum Rožen-Kloster*, €

Menčeva Kâšta

Eine typische *mehana* mit vorzüglicher bulgarischer Küche. *Nahe dem Kordopulov-Haus*, €

ÜBERNACHTUNG

Hotel Melnik

Mitten im Zentrum gelegen, bietet dieses Haus einen mittleren Standard. *32 Zi., Tel. 07437/272, €–€€*

AUSKUNFT

Miluševa Kâšta

Hier erhalten Sie auch Hinweise auf Privatquartiere in der Stadt. *Nahe Hotel Melnik, Tel. 07437/326*

ZIEL IN DER UMGEBUNG

Roženski manastir
(Rožen-Kloster)   (112/C 6)

Mauern, Glockenturm und Gebäudering des Rožen-Klosters sind schon von weitem zu sehen. Die Anlage liegt inmitten bizarrer Gesteinsformationen, die Besucher passieren, wenn sie sich dem 6 km nordöstlich gelegenen Kloster von Melnik aus nähern. Gegründet wurde das Kloster vom Despoten Slav, dem Verwalter des Gebiets um Melnik, im 12. oder 13. Jh. Das heutige Gebäude stammt aus dem 16. Jh. und wurde im 18. Jh. grundlegend erneuert und ausgemalt. Seinen Ruhm verdankt das Kloster vor allem seinen holzgeschnitzten Altarwänden und Lesepulten. Vor allem der kleinere, zurückliegende Ikonostas ist ein Meisterwerk der Holzschnitzerei.

Wertvolle Wandmalereien aus dem beginnenden 17. Jh. finden sich an der südlichen Außenwand der Hauptkirche *Sveta Bogorodica*. Nicht weit vom Kloster entfernt befindet sich das *Grab* des makedonischen Revolutionärs Jane Sandanski.

Geschichte sehen und erleben

Von den Thrakern zur Wiege des neuen Bulgarien

Bulgarien hat niemals so etwas wie eine ausgesprochene Mitte besessen. Die Schichtung durch die Gebirgszüge hat vielmehr einzelne Streifen zumeist in westöstlicher Richtung geschaffen, von denen keiner allein die mittleren Teile des Landes beherrscht. Vielmehr ragen in diese sehr unterschiedliche Landschaften hinein, vom Norden her der Balkan, vom Süden her die nördlichen Eingangstore zu den Rhodopen und zur Thrakischen Ebene, also zum gesamten Südteil des Landes. Dazwischen liegt der Streifen des Mittelgebirges.

Die Ortschaften sind geprägt von unterschiedlichen Epochen und Kulturen. Veliko Târnovo und seine Umgebung waren die Wiege des neuzeitlichen bulgarischen Staates, und überall im mittleren Teil des Balkans begegnet man Reminiszenzen an die nationale Wiedergeburt im 18. und 19. Jh. In Plovdiv weisen viele Spuren auf die thrakische Zeit und vor allem darauf hin,

Vor allem die älteren Menschen aus der Umgebung nehmen die Gelegenheit zu Gottesdiensten im Bačkovo-Kloster wahr

dass hier während des Osmanischen Reiches eines der Zentren der europäischen Türkei lag. Der mittlere Teil des Balkans und das Mittelgebirge sind lieblich, leicht zugänglich und passierbar. Am besten erschließt man sie sich von Veliko Târnovo oder von Gabrovo aus, wobei man dann zwei Fliegen mit einer Klappe schlagen kann: Im Umfeld von Gabrovo befindet sich die kompakteste Ansammlung von Ortschaften unter Denkmalschutz und Museumsstädten – wie etwa Boženci, Trjavna oder Etâra – und nicht weit davon südlich das »Tal der Rosen«. Allein Koprivštica, auf halbem Wege zwischen Sofia und Plovdiv bzw. Sofia und Gabrovo, macht eine längere Fahrt erforderlich, wofür Sie aber das märchenhafte Städtchen reichlich entschädigen wird.

PLOVDIV

(114/B 3) Wenn es nach der Schönheit ginge, müsste Plovdiv die bulgarische Hauptstadt sein. Der für seinen Witz berühmte griechische Schriftsteller Lukian sang im 2. Jh. wahre Lobeshymnen auf die »größte und schönste aller Städte Thrakiens«.

Plovdiv besteht heute aus zwei Städten, der Neu- und der ★ Altstadt. Das alte Juwel ist von weitem sichtbar: Auf den drei Hügeln Nebet Tepe (Wächterhügel), Džambas Tepe (Seiltänzerhügel) und Taksim Tepe (Wasserscheidenhügel) erhebt sich die Altstadt.

Bei einem Stadtrundgang streift man die Stadtgeschichte von der Besiedlung durch die Thraker über die römische und die osmanische Zeit bis zur Zeit der nationalen Wiedergeburt im 18. und 19. Jh., als sich die Bulgaren auf ihre eigenen Traditionen besannen. Philipp II. von Makedonien hatte der Stadt 342 v.Chr. die Stadtrechte und seinen Na-

men verliehen: 300 Jahre lang hieß sie Philippopolis. Die Römer machten die Dreihügelstadt (Trimontium), wie sie sie nannten, im 1. Jh. zur Hauptstadt der Provinz Thrakien. Sie wurde in ihrer wechselvollen Geschichte oft erobert und zerstört. Im 18./19. Jh. erlebte Plovdiv eine neue Blüte als Handelsstadt, von der heute viele schöne Häuser der Kaufleute aus der Zeit der nationalen Wiedergeburt zeugen. In der Altstadt leben und arbeiten heute nur 4500 der insgesamt 370 000 Ew. Sie erscheint wie ein bewohntes Freilichtmuseum, in dem wundervolle Häuser aus dem 18. und 19.Jh. das Bild bestimmen.

MARCO POLO TIPPS
FÜR ZENTRAL-BULGARIEN

1 Altstadt von Plovdiv
Das alte Thrakien, die osmanische Zeit und das 19. Jh. begegnen sich in einem verwinkelten Straßengewirr auf drei Hügeln (Seite 62)

2 Bačkovo-Kloster
Herrliche Anlage mit den einzigartigen Wandmalereien des bekannten bulgarischen Meisters Zaharij Zograf (Seite 66)

3 Koprivštica
Eine sanfte Sinfonie aus Natur, Farbe und Baukunst im Mittelgebirge. Wunderschöne Kaufmannshäuser zeugen vom einstigen Reichtum der Stadt (Seite 67)

4 Etâra
Im originellen Freilichtmuseum, in dem 26 Handwerke in original nachgebildeten Werkstätten gezeigt werden, kann man die schönen Arbeiten auch erwerben (Seite 72)

5 Altstadt von Veliko Târnovo
Eine faszinierende Konstruktion – eine Stadt wie ein Vogel mit ausgebreiteten Schwingen auf Felsterrassen: in der Stadt die Architektur Fičetos und steinerne Zeugnisse des politischen und geistigen Zentrums Bulgariens im Mittelalter (Seite 69)

Auch im hohen Alter von 1800 Jahren dient das Amphitheater noch als Bühne

BESICHTIGUNGEN

Es ist nicht einfach, Plovdiv systematisch zu ergründen, die Stadt ist sehr verwinkelt. Am besten, man verschafft sich bummelnd eine erste Orientierung, um sich dann in der Altstadt und in der Neustadt die einzelnen Sehenswürdigkeiten gezielt anzusehen. In der *Neustadt* befinden sich Ruinen aus der römischen und der osmanischen Zeit. Am *Pl. Stambolijski* haben sich viele hübsche Cafés angesiedelt.

Amphitheater

◁⁄▷ Das prächtigste Zeugnis der Antike ist das Theater aus dem 2. Jh., das von Kaiser Mark Aurel angelegt wurde und heute gut 3000 Zuschauern Platz bietet, wenn in den Monaten Mai, Juni und September klassisches Theater gespielt wird. Von hier hat man einen herrlichen Ausblick auf die Rhodopen. *Am Südhang des Džambas Tepe, oberhalb des Tunnels und der Ul. Ivajlo*

Džumaja džamija (Džumaja-Moschee)

Die Moschee aus dem frühen 15. Jh. besitzt innen einen se-

henswerten Springbrunnen und an der Außenwand eine Sonnenuhr. *Pl. Stambolijski*

Hisar Kapija

Das Osttor stammt aus der spätantiken Zeit, als das heutige Plovdiv Stadt wurde (4.–1. Jh. v. Chr.). *Ul. Canko Lavrenov*

Imaret džamija (Imaret-Moschee)

Die Moschee aus dem 15. Jh. fällt von weitem durch das Zickzackrelief am Minarett auf. Innen sind Fragmente von Wandmalereien erhalten und im Hof eine Grabstätte. *Han Kubrat, nahe dem Ufer der Marica*

Rimski forum (Römisches Forum)

Vom Römischen Forum sind steinplattenbelegte Straßen und Fundamente von einzelnen Gebäuden freigelegt. *Am Centralen Pl., zwischen dem Hotel Trimontium und der Hauptpost*

Rimski stadion (Römisches Stadion)

Vom Stadion aus dem 2. Jh. sieht man den Ausgang und den Westteil sowie Überreste von Räumen und einer Wasserleitung. 30 000 Menschen fanden hier einst Platz. *Pl. Stambolijski*

Stadtmauer
Überreste der inneren Stadtmauer vom damaligen Philippopolis (4.–1. Jh. v. Chr.) befinden sich am Hügel Nebet Tepe in dem gleichnamigen Parkgelände.

Sveta Marina
Die 1851–53 errichtete Kirche besticht vor allem durch die Holzschnitzereien auf der Altarwand, auf dem Bischofsstuhl und der Kanzel. Viele der Ikonen sind das Werk des bekannten Meisters Stanislav Dospevski. *Eingang von Gavril Genov oder Stanislav Dospevski*

Sveti Sveti Konstantin i Elena
Die Kirche wurde 1830–32 errichtet. Die vergoldete Außenwand schuf der bekannte Holzschnitzer Joan Paškula, zahlreiche Ikonen stammen vom bedeutenden Maler Zaharij Zograf. *Ecke Ul. Gorki/Starinna*

Wiedergeburtsarchitektur
Die Seele der musealen Atmosphäre der Altstadt bilden die Häuser aus dem 19. Jh.

Das *Agir-Kujumdžioglu-Haus* aus dem Jahr 1847 gehört dank seiner reich dekorierten Fassade zu den meistfotografierten Objekten der Stadt. Heute beherbergt es das *Ethnografische Museum. Ul. Čomakov 2, Di–So 9–12 und 13.30–17.30 Uhr*

Das *Georgiadi-Haus* besticht durch seine Fassade mit den Erkern und dem geschwungenen Vordach. Hier befindet sich heute das *Museum für nationale Befreiung. Ul. Canko Lavrenov 1, Mi–Mo 9.30 bis 12.30 und 14–17 Uhr*

Das *Hindilian-Haus* gehörte einer wohlhabenden armenischen Kaufmannsfamilie und beherbergt die wohl prächtigste und kostbarste Inneneinrichtung der Stadt. *Ul. Artin Gidikov 11, Mo–Fr 9–12 und 13–18.30 Uhr*

MUSEEN

Arheologičeski muzej (Archäologisches Museum)
Obwohl der bedeutendste Schatz des Museums, der Goldfund aus Panagjuište, von Sofia requiriert wurde, hat es zur thrakischen und zur römischen Zeit einiges anzubieten. Sehenswert sind vor allem die Grabstätten aus der Bronzezeit aus dem Bezirk Plovdiv, der Bronzehelm aus Brestovica aus der thrakischen Zeit sowie die byzantinischen Goldmünzen aus dem 12. Jh. *Pl. Sâedinenie 1, Mo 14–17, Di–So 9–12 und 14–17 Uhr*

Etnografski muzej (Ethnografisches Museum)
Im unteren Teil des wunderschönen *Agir-Kujumdžioglu-Hauses* ist Handwerk der Wiedergeburtszeit ausgestellt. Interessanter als die Werkzeugsammlung sind die oberen Räume mit Mobiliar (viel mittel- und westeuropäischer Barock) und Trachten aus den Rhodopen. Im Juni und im September finden im Hof Kammermusikkonzerte statt. *Ul. Čomakov 2, Di–So 9–12 und 13.30 bis 17.30 Uhr*

RESTAURANTS

Alafrangite
Wunderschönes Gebäude aus dem 19. Jh. mit einem einladenden Gartenteil. Neben den üblichen Grillgerichten gibt es hier

auch einige wenige Spezialitäten aus den Rhodopen. *Ul. Kiril Nektariev 17, €€*

Evridika

Folkloristischer Stil im nobelsten Hotel (Novotel) Plovdivs, sowohl vom Ambiente wie auch vom Essen her. *Ul. Zlatju Bojadžiev 2, €€–€€€*

Filipopolis

Das stilvolle Haus serviert eine gute einheimische Küche. Sehr zu empfehlen sind die schmackhaften Gerichte aus dem Backofen. *Ul. Gavril Genov, €€*

Kamenica

Solide bulgarische Küche und Terrasse mit gutem Überblick über die Hauptpromenade Plovdivs. *Ul. Knjaz Aleksandâr Batenberg 34, €*

Pâldin

Das vornehmste Haus in der Altstadt mit einer breiten Palette bulgarischer Gerichte. *Ul. Knjaz Ceretelev 3, €€*

Trakijski stan

Nicht unbedingt wegen einer außergewöhnlichen Küche, aber wegen des Gebäudes in der Altstadt und wegen des Folkloreprogramms ein beliebtes Ziel von Touristen, auch in Gruppen. *Ul. Pâldin 7, €–€€*

EINKAUFEN

In der *Strâmna-Gasse* sind das alte Handwerk und vor allem das Kunsthandwerk zu Hause. In kleinen Werkstätten gehen Kupferschmiede, Kürschner oder Pantoffelmacher ihrer Arbeit nach, und ihre Produkte – die natürlich zum Kauf anregen sollen – zieren wie Museumsstücke Vitrinen und Wände der zuweilen winzigen Lädchen.

ÜBERNACHTUNG

Bâlgarija

Von den mittleren Hotels mit Minimalkomfort im Stadtzentrum die preisgünstigste Wahl. *72 Zi., Ul. Patriarch Evtimij 13, Tel./ Fax 032/63 34 03 oder 63 36 62 oder 63 35 99, €€*

Lajpcig

Etwas außerhalb des Neustadtkerns gelegenes Hochhaus mit dem Charme der Bauten aus den Sechziger- und Siebzigerjahren des 20. Jhs., aber solide. *128 Zi., Bul. Ruski 70, Tel. 032/63 22 50, Fax 45 10 96, €€*

Novotel

Der Luxusstar unter den Hotels in Plovdiv, mit Kasino, Swimmingpool und Airconditioning. *319 Zi., Ul. Zlatju Bojadžiev 2, Tel. 032/93 49 99 oder 93 44 44, Fax 93 42 55, E-Mail reservation@novo telpdv.bg, €€€*

SPS

Funktionale Einrichtung etwas außerhalb des Stadtkerns mit eigener Garage, hat jedoch sichtbar gelitten. *65 Zi., 12 Ap., Bul. Osvoboždenie 3, Tel. 032/831 21, Fax 82 40 07, €–€€*

Trimontium

Das architektonische Zuckerbäckerwerk mit großen Räumen und einem Hauch von Tradition liegt zentral mitten in der Neustadt. *160 Zi., Ul. Kapitan Rajčo 2, Tel. 032/60 50 00, Fax 60 50 09, €*

An klassischer Musik und Theater hat Plovdiv einiges zu bieten, vor allem während der beiden großen Messen im Mai bzw. Ende September/Anfang Oktober. Die *Konzerthalle,* das Stammhaus des städtischen Philharmonischen Orchesters, befindet sich auf dem *Centralen Pl.,* die *Oper* auf dem *Bul. Sašo Dimitrov 23.* Ein renommiertes *Festival der Kammermusik* findet alle zwei Jahre (2001, 2003 …) im Juni statt. Die *Konzerte* werden *im Hof des Ethnografischen Museums* gegeben, wo Einheimische über den ganzen Sommer hinweg gastieren *(Karten* für Musikveranstaltungen auf der *Ul. Knjaz Aleksandâr 35).* *Klassisches Theater* bieten das *Haupthaus* in der *Ul. Knjaz Aleksandâr 36* und in besonders eindrucksvoller Umgebung das *Amphitheater.*

In der *Ul. Knjaz Aleksandâr,* um den *Pl. Stambolijski* herum und in der Altstadt haben sich inzwischen belebte Zentren der *Kaffeehaus- und Barkultur* etabliert. Angenehme Umgebung für einen Drink bei *Roma* in der *Ul. Maksim Gorki* oder im *Blauen Haus (Sinjata Kâšta,* in der *Ul. Kiril Nektariev).*

Pâldin-Tours 91

Vermittelt auch Privatquartiere. *Bul. Bâlgarija 106, Tel. 032/95 28 07 oder 95 51 20, Fax 95 51 42, Mo–Fr 9–12 und 12.30–17.30 Uhr*

Bačkovski manastir (Bačkovo-Kloster)   (114/B 4)

★ Die Anlage wird stets an zweiter Stelle genannt, wenn von bulgarischen Klöstern die Rede ist. Sie ist nach dem Rila-Kloster die zweitgrößte und steht auch wegen ihrer Bedeutung für die Architektur, die Kunst und das geistige Leben des Landes auf Platz zwei. Gegründet wurde das Kloster 1083 von den georgischen Brüdern Grigori und Abasi Bakuriani, die für die Gemeinschaft vom byzantinischen Kaiser einen autonomen Status erwirkten. Vom 12. bis 14. Jh. wechselten bulgarische und byzantinische Besitzverhältnisse einander ab, bevor Mitte des 14. Jhs. der bulgarische Zar Ivan Aleksandâr seine Macht über die Rhodopen festigte, Bulgaren im Kloster ansiedelte und als Stifter für eine neue Blüte sorgte. Im 16. Jh. wurden allerdings große Teile des Klosters zerstört, als einziges Gebäude blieb das heutige Beinhaus erhalten, eine Kirchengruft, die bereits zur Gründungszeit des Klosters angelegt wurde. Mit den in beiden Stockwerken zu sehenden Wandmalereien sind bedeutende Kunstdenkmäler aus dem 11. und 12. Jh. erhalten geblieben, die vermutlich von zwei georgischen Meistern geschaffen wurden.

Der Rest der heutigen Anlage geht im wesentlichen auf den Wiederaufbau im 17. Jh. zurück. 1604 wurde die Hauptkirche *Sveta Bogorodica* errichtet. Dank dem Wohlwollen des griechischen Patriarchats gegenüber vom Kloster ist diese Kirche als der einzige monumentale Kultbau der Bulgaren aus der Zeit vor der nationalen Wiedergeburt erhalten geblieben. Die Fresken im Innen- und im Vorraum stammen aus der Mitte des 17. Jhs. Die bedeutendsten Wandmalereien befinden sich indes in der *Niko-*

laikirche im Südhof. Die 1840 fertig gestellten Schöpfungen sind in die Geschichte der bulgarischen Kunst eingegangen – das erste bezeugte Werk des Meisters Zaharij Zograf. Hier finden sich das erste Selbstbildnis eines bulgarischen Malers – über dem Paradiesgarten in der Darstellung des Jüngsten Gerichts –, die ersten echten Genrebilder und realistischen Landschaften sowie erstmalig auch eine Kritik an der Obrigkeit: Die Plovdiver Honoratioren sind beim Jüngsten Gericht unter den Sündern der Stadt. Das Kloster ist bewohnt, Übernachtungen sind möglich. *Auskunft: Tel. 03327/236 oder 277 oder 274*

Koprivštica (113/F 1)

★ Ein liebliches Tal im Mittelgebirge, umgeben von bewaldeten Hängen, durchzogen von zwei Flüssen, und darin eine schier unendliche Ansammlung von Bilderbuchhäuschen aus dem 18. und 19. Jh. Koprivštica ist eine sanfte Symfonie aus Natur, Farbe und Baukunst. Es grenzt an ein Wunder, dass die Stadt unversehrt erhalten geblieben ist, denn hier war das Zentrum des Aprilaufstands von 1876 gegen die Türken. Diese Rolle verdankte die Stadt nicht zuletzt dem Umstand, dass sie zu einem wohlhabenden Handelszentrum aufgestiegen war – dessen damaliger Reichtum sich in der Fülle an prächtigen Häusern bis heute widerspiegelt. Vor allem die aus der zweiten Hälfte des 19. Jhs. stammenden Gebäude bezaubern durch die farbenfroh bemalten Fassaden, die holzgeschnitzten Zimmerdecken und das stilvolle Mobiliar – wie etwa das *Garkov-*, das *Oslekov-*, das *Kableškov-* oder das *Kantardžiev-Haus.* Für historisch Interessierte sind das *Geburtshaus von Ljuben Karavelov* und das von *Benkovski* sehenswert; beide gehörten zu den prominentesten politischen Führern im Kampf um ein selbstständiges Bulgarien. Auskunft und Hinweise zu preisgünstigen Unterkünften: *Touristinformation* nahe dem zentralen *Pl. 20. april, Tel. 07184/21 91,* E-Mail *koprivshtiza @hotmail.com*

Pamporovo (114/B 6)

Auf einer Höhe von 1620 m befindet sich tief im Innern der Rhodopen am Fuße des Gipfels Snežanka das bekannteste Wintersportzentrum Bulgariens. Auch wenn Pamporovo im Winter wie im Sommer als sonnigster Ort des Landes gilt, konzentriert es sich, anders als Borovec, sehr viel stärker auf die Angebote für die Wintersportler. Von Mitte Dezember bis Mitte April herrschen vorzügliche Schneebedingungen sowohl für Abfahrer als auch für Langläufer.

Wer liebliche Gebirge bevorzugt, wird hier im Sommer mehr auf seine Kosten kommen als im Rila oder im Pirin – Sonne fast das ganze Jahr hindurch, blumenbedeckte Wiesen, stille Seen, rauschende Bäche, viel Duft nach Wildbeeren und Kräutern.

Sieben Hotels und das Feriendorf Malina mit dreißig Holzhäuschen stehen zur Verfügung. Für Individualreisende ist die Unterkunft in einem der Hotels in Pamporovo ausgesprochen teuer, Alternativen könnten die südlich gelegene Kleinstadt *Smoljan* mit verschiedenen Hotels oder Privatquartiere sein.

Im Winter ideal für Skifahrer, im Sommer schön zum Wandern: Pamporovo

Rozova dolina
(Tal der Rosen)   (114/A–B 1)

Das Rosenöl gehört zu den weltberühmten Produkten Bulgariens – aber das Tal der Blüten, in dem es gewonnen wird, gehört auch zu den am meisten überschätzten Regionen des Landes. Zwei Attraktionen hat es allerdings anzubieten. Zum einen das *Rosenfest,* das zum Beginn der Rosenernte stattfindet. Die einzig empfehlenswerte Zeit für eine Fahrt ins Tal ist die Zeit der Rosenblüte *(Ende Mai/Anfang Juni),* sowohl der Farben wie des Dufts und des Rosenfestes wegen. Abgesehen von Ritualen der Rosenernte werden einheimische Lieder und Tänze vorgetragen, die Bulgaren sind durchweg in Nationaltrachten gekleidet, und besonders schönes Kunsthandwerk aus Kupfer und Holz wird präsentiert. Das Fest wird in *Kazanlâk* und in *Karlovo* begangen, aber auch in kleineren Orten finden Feiern statt.

Die zweite Attraktion ist die Lage des Tals zwischen Balkan und Mittelgebirge – es kann als Ausgangspunkt für Ausflüge in die Berge genutzt werden. Besonders eindrucksvoll sind die schäumenden Flussläufe der Strjama und der Tundža in den Durchbrüchen durch das Mittelgebirge, zu denen man am besten von Kalofer aus startet. Die größte Attraktion *Kalofers* ist das *Geburtshaus von Hristo Botev* (1848–1876), dem Poeten, utopischen Sozialisten und aktiven Revolutionär, der bei einer Aktion kurz nach dem Aprilaufstand 1876 gegen die türkischen Herrscher bei Vratsa getötet wurde.

Die Städte im Tal der Rosen sind leider weit weniger attraktiv, als manche bulgarischen Prospekte vermuten lassen. Die als Ausgangspunkt für einen Besuch im Rosental am besten geeignete Stadt ist *Kazanlâk* (**119/D 1**, 65 000 Ew.). Berühmt ist das *thrakische Grabmal* aus dem 4. Jh. v. Chr. im

Tjulbeto-Park, das 1944 durch Zufall entdeckt wurde. Das Original ist schutzeshalber für die Öffentlichkeit nicht zugänglich, aber etwa 50 m daneben ist eine Nachbildung *tgl. 8–12 und 13.30 bis 18 Uhr* zu besichtigen. Berühmtheit erlangte das Grabmal vor allem durch das Wand- und Kuppelgemälde, eine Art Prozession von Quadrigen, vierspännigen Triumphwagen, und Dienern zu dem im Mittelpunkt sitzenden Ehepaar, das sich in einer zarten Geste des Abschiedes gegenseitig hält. Im selben *Parkgelände,* nahe der nach Šipka führenden Straße, befindet sich das *Museum der Rose und der Rosenindustrie (Mai–Okt. Di–So 9–12 und 14–17 Uhr),* in dem die Herstellung der verschiedenen Produkte in unterschiedlichen Epochen vorgestellt wird. Mitten im Stadtkern, am Platz der Freiheit *(Pl. Svoboda),* befindet sich das *Hotel Kazanlâk,* die erste Adresse in der Stadt *(187 Zi., Tel. 0431/ 272 02, Fax 273 85, €€).*

In *Karlovo* (32 000 Ew.) ist Vasil Levski geboren, dessen *Geburtshaus* zum Museum ausgeschmückt worden ist *(Ul. Petko Sâbev, Di–So 8–12 und 13.30 bis 17.30 Uhr).* Lohnend ist ein Gang durch die Altstadt, wo einige Häuser aus dem 19. Jh. restauriert worden sind.

Šipka (108/A 6)

Über Kazanlâk erreicht man den für die Bulgaren bedeutendsten Bergpass, den *Šipčenski prohod.* Hier hielten im August 1877 6000 Russen und Bulgaren drei Tage lang einer gewaltigen türkischen Übermacht stand. Wer die fast 900 Stufen zur Plattform auf dem klumpig aussehenden ꞏ❖ꞏ

Mahnmal für die gefallenen Bulgaren und Russen ersteigt, hat einen wunderschönen Ausblick auf das Tal der Rosen und das Mittelgebirge. Ein weiteres Denkmal wurde im Dörfchen *Šipka* am Fuße des Balkans gebaut, die *Gedächtniskirche,* deren Goldkuppeln schon von weitem Anklänge an die russische Architektur des 17. Jhs. erkennen lassen.

VELIKO TÂRNOVO

(108/B 5) ★ Le Corbusier pries ihre organische Struktur, der Generalfeldmarschall Graf Helmuth von Moltke ihre romantische Lage, dem bulgarischen Nationaldichter Ivan Vazov erschien sie als »ein Traumbild, eine Fata Morgana«. Zum Süden hin der Balkan, zum Norden das hügelige Donautiefland, unten im Tal die Windungen des Flusses Jantra und mittendrin die Stadt Veliko Târnovo, die in ihrer Form an einen großen Vogel erinnert, der sich mit ausgebreiteten Schwingen auf den Felsterrassen niedergelassen hat – sie steht heute unter Denkmalschutz.

Eine 5000-jährige Geschichte der Besiedlung hat diese wunderschön gelegene Stadt (60 000 Ew.) hinter sich, zwei Jahrhunderte lang, vom Ende des 12. bis Ende des 14. Jhs., war sie die Hauptstadt des Zweiten Bulgarischen Reiches und eine kurze Zeit lang, nach der Ausgliederung aus dem Osmanischen Reich, auch die des neuen bulgarischen Staates. Veliko Târnovo war Wiege vieler bedeutender Schulen in der Literatur, Baukunst und Malerei, Heimat und Zentrum berühmter Vertreter der nationalen Wiedergeburt. Die Überreste vom Za-

renschloss und die Patriarchenkirche auf dem Hügel Carevec
zeugen von der einstigen Rolle
als Hauptstadt, die verwinkelten
Gässchen im alten Teil südlich
und nördlich der Straße Dimitâr
Blagoev von der Zeit der nationalen Wiedergeburt und der antitürkischen Bewegung. Die Atmosphäre des 19. Jhs. ist zwar
erhalten geblieben, aber ein
großer Teil der Gebäude hat erheblich gelitten.

BESICHTIGUNGEN

Vom Denkmal der 1876 an dieser
Stelle gehenkten Revolutionäre
am Ende der Ul. Dimitâr Blagoev lässt sich ein Rundgang gut
beginnen.

Asenovata mahala (Asen-Viertel)

Vom mittelalterlichen Viertel
der Werkstätten ist nichts mehr
zu sehen. Drei Kirchen aus
jener Zeit sind erhalten. Die älteste ist die *Kirche des heiligen
Demetrios von Thessalonike* von
1185 am nordöstlichen Hang
des Trapezica. Hier riefen 1185
die Brüder Asen und Petâr den
Aufstand gegen Byzanz aus. Die
Kirche enthält in ihrem Innern
keine besonderen Sehenswürdigkeiten.

Direkt gegenüber, am anderen
Ufer des Jantra, erhebt sich *Sveti
Sveti Petâr i Pavel (Peter-und-Paul-
Kirche),* im 14. Jh. gebaut, bei einem Erdbeben 1913 stark beschädigt und in den Achtzigerjahren
restauriert. Die Kirche enthält sehenswerte Wandmalereien aus
dem 14., 16. und 17. Jh.

Die künstlerisch bedeutendste
ist die *Kirche der heiligen vierzig
Märtyrer (Ul. Kliment Ohridski)* aus
der ersten Hälfte des 13. Jhs. Be-

sonders sehenswert sind innen
die Säulen des Khan Omurtag
und des Ivan Asen II. Die Inschriften auf diesen Säulen
zählen zu den ältesten schriftlichen Überlieferungen über das
mittelalterliche Bulgarien. *Zwischen den Hügeln Carevec und Trapezica gelegen*

Carevec-Hügel

Die natürliche Felsenfestung
auf dem Carevec-Hügel bildete
das politische und geistliche
Zentrum des Zweiten Bulgarischen Reiches. Von dem einstigen *Zarenpalast* sind die Fundamente freigelegt, ein Teil der
Festungsmauern, darunter der
Balduin-Turm, wurde restauriert.
Bei den Ausgrabungen stieß man
auch auf die Fundamente von
Wohn- und Wirtschaftsbauten,
Kirchen und Klöstern.

Auf der Hügelspitze, wo einst
die Patriarchenkirche – *Sveti Vâz-
nesenie (Christi Himmelfahrt)* –
stand, wurden in den Achtzigerjahren des 20. Jhs. in deren
Überresten sozialistisch-realisti-
sche Fresken angebracht. Vom
Hinrichtungsfelsen an der Nord-
spitze stürzte man im Mittelalter
Verräter hinab.

Starija grad (Altstadt)

Die bekanntesten Bauten in der
Altstadt sind mit dem Namen
Kolju Fičeto verbunden. So
wurde der Autodidakt Nikola
Fičev genannt, der als Begründer
des neuzeitlichen Bauwesens
und des nationalen Stils gilt.
Nach seinen Entwürfen wurde
das *Wirtshaus des Hadži Nikoli (Ul.
Rakovski 17, tgl. 10–17 Uhr)* gebaut, das heute das Ethnografische Museum beherbergt, sowie
das *Haus mit dem Äffchen (Ul. Vâ-*

staničeska 14), ein allseits beliebtes Fotomotiv. Auch das Amtsgebäude der türkischen Behörden, der *Konak (Pl. Sâedinenie),* in dem die erste Nationalversammlung Bulgariens 1879 die Verfassung des neuen Staates annahm, wurde von Fičev entworfen.

Auf der **Ul. Gurko** ist eine Reihe stilvoller Gebäude erhalten. Herausragend ist das *Sarafina-Haus (Ul. Gurko 88, Di–Fr 9–12 und 14–18 Uhr),* benannt nach dem Geldverleiher, dem es gehörte; seine prunkvolle Inneneinrichtung gibt Einblick in den Geschmack und die Kaufkraft der reichen Familien Târnovos im 19. Jh. Wieder zum Leben erwacht ist die Gasse *Samovodska Čaršija,* in deren kleinen Werkstätten die Meister ihrem Handwerk nachgehen.

Trapezica-Hügel

Auf diesem Hügel hatten die Bojaren und hochrangige Vertreter des Klerus ihre Wohnsitze. Freigelegt wurden Grundmauern von 17 mittelalterlichen Kirchen sowie Teile der Dekorationen und Wandmalereien.

MUSEEN

Arheologičeski muzej (Archäologisches Museum)

Der Schwerpunkt liegt auf der Zeit von 1200 bis 1400, als Veliko Târnovo die Hauptstadt des Bulgarenreiches war. *Ul. Ivanka Boteva, Di–So 8–12 und 13.30–17.30 Uhr*

Muzej na nacionalnoto osvoboždenie i konstitucionnoto sâbranie

Im früheren Konak sollen die Exponate des »Museums der nationalen Befreiung und der Kons-

tituierenden Versammlung« den patriotischen Kampf der Bulgaren gegen die Türken bezeugen. Unverändert geblieben ist der Raum, in dem das erste bulgarische Parlament tagte und im Jahr 1879 die Verfassung annahm. *Pl. Sâedinenie, tgl. 10–17 Uhr*

RESTAURANT

Samovodska srešta

Schön gelegenes, volkstümliches Lokal am Eingang zur Altstadt mit zwar wenigen, aber schmackhaften Abwechslungen von den üblichen Grillgerichten. *Ul. Georgi Kirkov, €*

ÜBERNACHTUNG

Hotel Etâr

Großbau etwas außerhalb des Altstadtkerns, aber mit hübschem Blick. Restaurant *(€)* mit den üblichen Grillgerichten. *71 Zi., 12 Ap., Ul. Aleksandâr Stambolijski 1, Tel. 062/62 18 38, Fax 62 18 07, €*

Veliko Târnovo Interhotel

Das komfortabelste Hotel am Ort mit Pool, Sauna und drei Restaurants. *191 Zi., Ul. Aleksandâr Penčev 2, Tel. 062/61 10, Fax 63 98 59, €€*

AUSKUNFT

Balkantourist

Das Fremdenverkehrsbüro vermittelt auch Privatunterkünfte. *Ul. Aleksandâr Penčev 2, Tel./Fax 062/63 39 75, Mo–Fr 9–18 Uhr*

ZIELE IN DER UMGEBUNG

Arbanasi   (108/B–C 4)

Das ganz in der Nähe 4 km nordöstlich von Veliko Târnovo gelegene Dorf gehört faktisch noch mit zu den Baudenkmälern von Veliko Târnovo und steht ebenfalls unter Denkmalschutz. Von massiven Steinmauern umgebene Häuser mit eisenbeschlagenen Toren und – wenn auch kunstvoll – vergitterten Fenstern lassen sie von außen wie Festungen erscheinen. Ganz anders die Inneneinrichtung mit zierlichen Holzschnitzereien, schönen Fliesen und reicher Wandbemalung. Zehn Häuser sind restauriert worden, zwei von ihnen wurden in Museen verwandelt, darunter das *Dragostinov-Haus,* benannt nach einem der Anführer des Aprilaufstandes gegen die Türken im Jahr 1876.

Sehenswert unter den fünf Kirchen ist vor allem die *Christi-Geburt-Kirche* aus dem 17. Jh. Von den Kulturschätzen der beiden *Klöster – Sveti Nikola* und *Sveta Bogorodica* – haben die vom Anfang des 18. Jhs. stammenden Wandmalereien in der *Elias-Kapelle* des *Nikola-Klosters* den höchsten künstlerischen und historischen Wert.

Boženci (108/B 5)

In idyllischer Stille zwischen Gabrovo und Trjavna liegt das Museumsstädtchen Boženci. In den steilen Gassen scheint die Zeit stehen geblieben zu sein. Um die zweistöckigen, weiß getünchten,

mit schweren Steinplatten bedeckten Häuser wuchern Efeu und Wiesenstorchschnabel, im Dorfzentrum stehen Brunnen und Weinstube wie vor 150 Jahren. Über 100 Gebäude stehen unter Denkmalschutz.

Sehenswert ist vor allem das Haus eines reichen Wollhändlers aus dem frühen 19. Jh., *Kâstata na Dončo Popa.* Wer die Einrichtung eines bäuerlichen Heims aus dieser Zeit sehen möchte, sollte das Haus von *Baba Kostadinica* aufsuchen. Die *Kirche des heiligen Propheten Ilija* wurde 1835 errichtet. Informationen über Übernachtungsmöglichkeiten unter *Tel. 067193/363 oder 362 sowie Tel./ Fax 066/344 62.*

Etâra (108/A 6)

★ 8 km südlich von Gabrovo in einem Waldstück, durch das sich der Sivak schlängelt, öffnet das originellste und malerischste Freilichtmuseum Bulgariens. In originalgetreuen Kopien von alten Werkstätten werden 26 Handwerke demonstriert. Ob in der Messerschmiede, der Walkmühle oder der Litzenweberei – Werkzeuge, Einrichtungen, Mechanismen und Tätigkeiten sind hier fast genau in der Form zu sehen, wie sie in der Zeit der nationalen Wiedergeburt in dieser

---

Die Marco Polo Bitte

Marco Polo war der erste Weltreisende. Er reiste in friedlicher Absicht, verband Ost und West. Er wollte die Welt entdecken, fremde Kulturen kennen lernen, nicht zerstören. Könnte er heute für uns Reisende nicht Vorbild sein? Aufgeschlossen und friedlich sollte unsere Haltung auf Reisen sein. Dazu gehören auch Respekt vor Mensch und Tier und die Bewahrung der Umwelt.

Im malerischen Freilichtmuseum Etâra werden 26 alte Handwerkskünste in originalgetreu nachgebildeten Werkstätten demonstriert

Gegend vorherrschend war. Man kann die hier gefertigten Teile auch erstehen. Es gibt gute Qualität zu moderaten Preisen.

Das Museum geht auf die Privatinitiative eines Bulgaren Anfang der Sechzigerjahre zurück. 1963 wurde das erfolgreiche Projekt ein staatliches Freilichtmuseum. Etâra ist für Touristen gut erschlossen; in der Anlage selbst bietet der Weinkeller schmackhafte bulgarische Gerichte an, eine Bäckerei daneben das beliebte Weißbrot dieser Gegend und das *Motkov-Café* vorzüglichen türkischen Honig. Unmittelbar neben der Anlage befindet sich das *Hotel-Restaurant* *Etâr (41 Zi., Tel. 066/420 26 oder 424 19, €).*

Trjavna (108/B 5)

Einen Abstecher wert ist der Ort, den der »Medicus« im gleichnamigen Roman als lebhaften Handelsplatz kennen lernt. Im alten Teil finden sich sehenswerte Architektur des 19. Jhs. und vor allem Zeugnisse der bekannten Mal- und Holzschnitzereischule von Trjavna. Im *Daskalov-Haus* wetteten einst zwei Meister, wer die schönere Zimmerdecke schnitzen kann. Ein halbes Jahr später waren zwei wunderschöne Exempel, beide mit der Sonne in der Mitte, fertig gestellt.

Ruse – offene Stadt

An der Donau liegt das »Tor zur Welt« von einst

Der Nordosten des Landes liegt etwas abseits der Hauptreiseströme. Er ist auch für bulgarische Touristen ein wenig bekanntes Terrain. Dabei hat er seine eigenen landschaftlichen Reize. Die Täler der Jantra und des Beli Lom zerstückeln die Donautafel zwischen Veliko Târnovo und Ruse in kleinere Einheiten, weiter östlich gibt es weite Flächen von Gras- und Buschland, auf denen nur Schaf- oder Ziegenherden zu finden sind. Beherrschend sind die Donau und das Zentrum des Nordostens, Ruse. Die Lage der Stadt an der Donau, die tief in den östlichen und weit in den mittleren Teil Europas hineinreicht, eröffnet gute Aussichten für eine neue Blüte. Hier liegen auch die beiden Zentren des Ersten Bulgarischen Reiches im Mittelalter: die erste Hauptstadt Pliska, die zerstört wurde, und die Nachfolgehauptstadt Preslav. Im Nordosten ist vor allem auch die türkische Minderheit mit den Zentren Razgrad und Šumen vertreten. Die Bulgaren haben jedoch nach der Ausgliederung aus dem Osmanischen Reich 1878 von der türkischen Architektur wenig übrig gelassen.

Die Hafenstadt Ruse an der Donau gibt sich weltoffen

RUSE

(108/C 1) ★ Der Atmosphäre und Tradition nach ist die 210 000-Ew.-Stadt Ruse (sprich: Ruuße) unter den bulgarischen Großstädten die offenste. Sie war lange Zeit das »Tor zur Welt«. Der Hafen von Rusčuk, wie Ruse in der osmanischen Zeit hieß, war auf Europa ausgerichtet. Von dort kamen die Geschäftsreisenden, die auf kürzestem Weg nach Konstantinopel wollten. Sie brachten Gastspiele ausländischer Orchester mit und stellten neue Musik und Instrumente vor. Viel Prominenz gab der Stadt die Ehre: Kaiser Franz Joseph, Kaiserin Eugénie, Hans Christian Andersen, Franz Liszt. Elf Konsulate ließen sich hier nieder, mehr als in Sofia, und die Rusčuker griffen die Impulse begierig und schöpferisch auf. In Ruse wurde 1866 die erste Eisenbahnlinie Bulgariens gebaut (die nach Varna führende), hier schuf man die Grundlagen des modernen bulgarischen Buchdrucks, hier erschien die erste Zeitung in bulgarischer Sprache, »Dunav« (Donau). Der ökonomische und kulturelle Boom war nicht zuletzt der Vielvölkergemeinde zu danken, die sich hier gebildet hatte: viele Griechen, Armenier, einige Deutsche und am zahlreichsten sephardische Juden. Elias Canetti, der bedeutende Schriftsteller und spätere Nobelpreisträger, schrieb, er habe in den wenigen Kinderjahren, die er hier verlebte, alles Wesentliche von dem gesehen, was ihm später in der ganzen Welt widerfahren sei.

Das Stadtbild unterstreicht den offenen, kosmopolitischen Charakter. Im Unterschied zu allen anderen Großstädten Bulgariens ist die Architektur nicht einseitig von der nationalen Wiedergeburtsperiode dominiert, sondern weist den Einfluss vieler moderner Baustile Europas auf: Barock, Renaissance, Empire, Art nouveau. Plätze und Straßen im Zentrum sind mit Marseiller Pflastersteinen bedeckt.

BESICHTIGUNGEN

Im *Stadtpark* erhebt sich das von Arnoldo Zocchi entworfene *Monument der Freiheit.* Der unmittelbar davorliegende *Pl. na Svobodata* ist ein guter Ausgangspunkt für einen Bummel durch die Fußgängerzone.

Baba-Tonka-Haus
Hier lebte die legendäre »Oma« Tonka Obretenova. Sie und ihr Haus bildeten ein Zentrum der revolutionären Bewegung gegen die Türken Ende des 19. Jhs. *Ul. Baba Tonka 40, Di 9–12, Mi–So 9–12 und 15–18 Uhr*

Sveta Troica (Dreifaltigkeitskirche)
Die einzige christliche Kirche von größerer Bedeutung. 1632 errichtet, 1764 und 1881 um- und ausgebaut. Wie viele andere bulgarische Kirchen auch, wurde sie damals halb in den Boden hineingebaut, damit sie nicht auffiel. Sie enthält eine große Sammlung alter Ikonen und Buchdrucke. *Ul. Goražd 1*

MUSEEN

Istoričeski muzej (Historisches Museum)
Der Silberschatz aus dem Dorf Borovo, thrakisches Kunsthandwerk und Werkzeuge aus der Bronze- und der Steinzeit sind

MARCO POLO TIPPS FÜR NORDOST-BULGARIEN

1 Ein Bummel durch den Stadtkern von Ruse
Die offene Atmosphäre ist spürbar, der Einfluss vieler europäischer Baustile sichtbar (Seite 75)

2 Ibrahim-Paša-Moschee in Razgrad
Eine organische Komposition aus machtvoller Kuppel und elegantem Minarett (Seite 78)

3 Tombul-Moschee in Šumen
Die größte Moschee Bulgariens, jahrzehntelang Museum, ist für Gläubige wieder offen (Seite 79)

4 Das Reiterrelief von Madara
Auf 23 m Höhe in den Felsen gehauen die ältesten schriftlichen Dokumente, die die Bezeichnung »Bulgarien« enthalten (Seite 80)

hier ausgestellt. *Pl. Aleksandâr Batenberg 3, Di, Do, Fr 10–12 und 15 bis 18, Sa 10–12, So 15–18 Uhr*

Muzej na transporta i sâobštenijata (Transport- und Kommunikationsmuseum)

Vom heutigen Standort am Bahnhof startete einst die erste Eisenbahn Bulgariens. Einige der Waggons sind auf dem Areal zu sehen. *Ul. Bratja Obretenovi 13, tgl. 8–12 und 14–17.30 Uhr*

RESTAURANTS

Emona

Vorzügliche Fischspezialitäten. *Ul. Slavjanska, €–€€*

Restaurant Leventa

In dem alten, historischen Gebäude – hier lagerten die Türken einst ihre Waffen – gibt es bulgarische Küche. Zur Unterhaltung der Gäste spielen oft Zigeunerkapellen auf. Das Restaurant liegt wenige Kilometer außerhalb an der Straße nach Razgrad kurz hinter der Stadtgrenze, Bus Nr. 18 vom Bahnhof Ruse. *€–€€*

Mehana Čiflika

Traditionelle bulgarische Küche in entsprechendem Ambiente. *Ul. Otec Paisij 2, €*

ÜBERNACHTUNG

Hotel Dunav

Zentral gelegenes, einfaches Haus. Moderate Preise auch für Zimmer mit Bad. *105 Zi., Pl. na Svobodata 5, Tel. 082/82 29 29, Fax 82 29 52, €–€€*

Hotel Riga

Im 16-geschossigen Haus ist man vor allem auf Funktionalität bedacht. Es gibt drei Restaurants, das ❉ *Panorama* bietet einen schönen Ausblick und eine vorzügliche Küche. *172 Zi., Pridunavski Bul. 22, Tel. 082/22 21 81, Fax 23 03 62, €€*

AM ABEND

Die städtische Philharmonie und die Oper haben einen guten Ruf. Das Stammhaus der *Philharmonie* befindet sich auf dem *Bul. Rajko Daskalov 4, Tel. 082/22 53 64,* das Programm der Oper ist über *Tel. 082/22 79 76* in Erfahrung zu bringen. Neben dem *Dramatischen Theater Sava Ognjanov, Pl. na Svobodata, Tel. 082/22 70 34,* in dem häufig Canetti gespielt wird, besitzt Ruse auch ein *Marionettentheater* auf dem *Bul. Dimitâr Blagoev 9, Tel. 082/22 58 04.*

AUSKUNFT

Dunav-Tours

Vermittelt auch (sehr preiswerte) Privatunterkünfte. *Pl. Han Kubrat 5, Tel. 082/22 42 68 oder 22 52 50 oder 22 30 88, Fax 27 71 67, Mo–Fr 9–17.30 Uhr*

DONAUFAHRTEN

Wegen der zerstörten Brücken in Serbien sind Donaukreuzfahrten ab Wien oder Budapest zurzeit nicht möglich. Man kann aber ein- oder zweiwöchige Fahrten auf der rein bulgarischen Strecke zwischen Vidin und Silistra buchen, auf denen man die gesamte bulgarische Donautafel kennen lernt. Kleinere Schiffe stehen für ein- bis zweistündige Rundfahrten für Kleingruppen zur Verfügung. Landschaftlich ist die gesamte Strecke reizvoll, die interessanten Städte befinden sich allerdings ganz im Osten (Ruse, Silistra) beziehungsweise ganz im Westen (Vidin).

ZIELE IN DER UMGEBUNG

Naturreservat Srebârna (O)

Direkt an der Donau erstreckt sich 16 km westlich von Silistra dieses 600 ha große Reservat, das den Namen des nahe gelegenen Dorfes und des Sees trägt, den es mit einschließt – eine der interessantesten Feuchtzonen in Europa. Im und vor allem über dem ausgedehnten Schilfgebiet tummeln sich fast 100 Spezies von Wildvögeln, darunter mehr als 70 Arten von Reihern. Besondere Attraktion: die krausköpfigen Pelikane. Geldmangel und Umweltprobleme haben allerdings Spuren hinterlassen. Individualreisende können Schwierigkeiten mit dem Zugang bekommen; von Silistra aus werden Tagestouren organisiert.

Razgrad (109/E 2)

Die Stadt (48 000 Ew.) ist ein Zentrum der türkischen Minderheit, die im Nordosten Bulgariens stark vertreten ist. Der zentrale Platz wird von der ★ Ibrahim-Paša-Moschee beherrscht. Die 1614 errichtete Moschee gehört zu den größten des Landes. Ganz gewiss aber zählt die organische Komposition aus der machtvollen Kuppel und dem elegant aufragenden Minarett zum Schönsten, was an islamischer Architektur im Land zu sehen ist. In unmittelbarer Nähe, östlich von Razgrad, sind Überreste der römischen Stadt Abritus freigelegt worden, darunter Teile der Stadtmauer und die Fundamente eines Gebäudes mit mehr als 20 Räumen.

Skalni čerkvi pri Ivanovo (Höhlenkloster bei Ivanovo (108/C 2)

Die Felsen in 32 m Höhe über dem Rusenski Lom beherbergen einige der wenigen erhaltenen Denkmäler der mittelalterlichen bulgarischen Kunst: unter Unesco-Schutz stehende Wandmalereien im Höhlenkloster aus der Târnovo-Schule. Einsiedler ließen sich hier im 12. Jh. nieder und begannen mit dem Aufbau eines Klosterkomplexes in den Felsenschluchten, dessen heute bekanntester Teil, eine »Die Kirche« genannte Höhle, vermutlich 1331–1371 entstand.

Thrakisches Grabmal (109/F 1)

Gut 80 km östlich von Ruse bei Sveštari befindet sich dieses unter Unescoschutz stehende Kulturdenkmal. Leider ist das nach Aussagen von Kennern schönste der in Bulgarien bislang entdeckten thrakischen Grabmäler für die Öffentlichkeit noch nie zugänglich gewesen. Bitte erkundigen Sie sich in Razgrad oder in Ruse danach, ob die seit Jahren angekündigte »baldige Eröffnung« in der Zwischenzeit endlich stattgefunden hat.

ŠUMEN

(110/A 4) Das 106 000 Ew. zählende Šumen ist in zweifacher Hinsicht ein sichtbarer Ausdruck dessen, was nicht »die Geschichte«, sondern die »Geschichtemacher« einem Stadtbild antun können. Von den Spuren der osmanischen Zeit ist abgesehen von der Tombul-Moschee fast nichts übrig geblieb; dafür sorgten die »nationalen Befreier« Bulgariens nach 1878. Umso mehr zeigt sich die sozialistische Urbanisierung im Stadtkern – einige Prestigeobjekte entlang der Hauptstraße, dafür Verfall in den kleinen Nebenstraßen und Betonblöcke in Sichtweite davon. Dennoch lohnt sich ein Besuch: Zum einen sind neben der Tombul-Moschee einige Beispiele der Architektur aus dem 19. Jh. sehenswert, zum anderen eignet sich die Stadt bestens als Ausgangspunkt für Ausflüge zu den alten Hauptstädten Preslav und Pliska und zum Reiterrelief von Madara.

BESICHTIGUNGEN

Denkmal »1300 Jahre Bulgarien«
❧ In Stein gemeißelter Nationalismus. Die Geschichte des Landes als Mosaik und mit schöner Aussicht auf Šumen. *Treppe vom Bul. Slavjanski, dann beschildert südwärts durch den anschließenden Park*

Tombul džamija (Tombul-Moschee)
★ Die größte erhaltene Moschee aus der osmanischen Zeit wurde 1744 von Sherif Halil Pascha errichtet. Der Hof der Koranschule (Medrese) wird von einem Brunnenhaus dominiert. Die Moschee, die während der sozialistischen Ära ein Museum war, wird heute von den Muslimen wieder als Gebetshaus genutzt. Einen schönen Blick auf den Kuppelbau und das doppelt so hohe Minarett erlaubt der nahe gelegene ❧ Uhrturm. *Ul. Doiran*

Wiedergeburtsarchitektur
Die größte Konzentration von Häusern aus dem 19. Jh. ist um die *Ul. Car Osvoboditel* herum, die auch den Kern der Überbleibsel von der Altstadt bildet. Ganz nah bei der Tombul-Moschee steht

Die weiten Grasflächen um Šumen bieten vor allem Ziegen gute Nahrung

das vielleicht prachtvollste Haus – das *Djukmedžjan-Haus (Ul. Stara planina 2),* das Mitte des 19. Jhs. von einer armenischen Kaufmannsfamilie gebaut wurde. Man kann, wenn die Tore offen sind, in den Hof hinein. Das *Kossuth-Haus (Ul. Car Osvoboditel 35, Di–So 9–12 und 14–18 Uhr)* beherbergte den Führer der ungarischen Revolution von 1848 für einige Monate. Eine Sammlung von Skulpturen und Zeichnungen ist im *Ivan-Radev-Haus (Ul. Car Osvoboditel 56, Di–Sa 9–12 und 14–18 Uhr, So 9–13 Uhr)* zu besichtigen, die der Künstler dem bulgarischen Staat schenkte. Einem der Begründer der klassischen Musik in Bulgarien, Pančo Vladigerov, ist das *Pančo-Vladigerov-Haus (Ul. Car Osvoboditel, Mo, Mi–Sa 9–12 und 14–18 Uhr, So 9–13 Uhr)* gewidmet, in dem jedes Jahr Ende September ein Festival der Klaviermusik stattfindet.

MUSEUM

Istoričeski muzej (Historisches Museum)
Sehenswert sind die Götzenbilder (vermutlich 4000 v. Chr.), das Silberhandwerk aus thrakischen Grabstätten und Goldarbeiten aus der Zeit des Ersten Zarenreiches (um das Jahr 1000). *Bul. Slavjanski, Di–So 9–12 und 13.30 bis 17.30 Uhr*

RESTAURANTS

Mehana Starija Šumen
Traditionelle bulgarische Küche in ebensolchem Ambiente. *Im Hotel Šumen, Pl. Oborište 1,* €€

Neptun
Bulgarische Küche, gemütlich. *Ul. Osvoboždenie,* €

Popšejtanovata kâšta
Das volkstümlich eingerichtete Lokal in einem schönen Haus aus dem 18./19. Jh. serviert einheimische Spezialitäten. Sommergarten. *Ul. Car Osvoboditel 76,* €–€€

ÜBERNACHTUNG

Hotel Madara
Preiswerte Adresse im Zentrum mit mehreren Restaurants, die die üblichen Grillgerichte in ansprechender Qualität bieten. *78 Zi., Pl. Osvobdenie 1, Tel. 054/ 574 51, Fax 525 91,* €€

Orbit
Das einstige Jagdhaus des Zaren Boris, inmitten eines schönen Parks gelegen, begeistert mit seiner Architektur und der landschaftlichen Einbettung. *15 Zi. und 3 Ap., Leso-Park Kjöškovete, Tel. 054/523 98,* €€

Hotel Šumen
Das teuerste Haus am Ort, vorzügliche Lage, mit einem folkloristisch eingerichteten Restaurant. *78 Zi., Pl. Oborište 1, Tel. 054/ 591 41, Fax 580 09,* €€€

AUSKUNFT

Madara Intertours
Ul. Oborište 6, Tel. 054/553 13, Fax 525 91, Mo–Fr 8.30–18 Uhr, Sa 9.30–15 Uhr

ZIELE IN DER UMGEBUNG

Madara   (110/B 4)
★ Das berühmte Relief aus dem 8. Jh. bei Madara zählt zu den bedeutendsten Dokumenten bulgarischer Kulturgeschichte. Es ist auf einer Höhe von 23 m aus einer Felswand unterhalb der alten

Festung Madara herausgemeißelt worden und zeigt einen Reiter, der seine Lanze in einen vor ihm auf dem Boden liegenden Löwen gestoßen hat. Die Inschriften in griechischer Sprache um das Relief sind die ältesten bekannten Quellen, die das Wort »Bulgarien« enthalten. *Tgl. 8 Uhr bis zur Dämmerung*

Pliska   (110/B 3)

Heute sieht man von Pliska, bis 811 Hauptstadt des Ersten Bulgarischen Reiches, nur noch wenige Ruinen. Hilfestellung bei der Rekonstruktion bietet das *Museum:* Pliska hatte drei Verteidigungsringe, einen großen und einen kleinen Zarenpalast und eine riesige Basilika. *Anlage und Museum tgl. 8 Uhr bis zur Dämmerung, im Sommer bis 19 Uhr*

Preslav   (110/A 4)

Nahe beim 10 000-Ew.-Städtchen Preslav befindet sich der Ausgrabungskomplex der einstigen Hauptstadt des Ersten Zarenreiches (10. Jh.). Hier ist erheblich mehr zu sehen als in Pliska: ein Teil der inneren Stadtmauer, Reste des Nord- und des Südtores, des Palastes, der Klöster und einiger Werkstätten. Jenseits des Südtores steht die sehenswerte *Goldene Kirche.* Im *Museum* ist unter anderem schöne Keramik ausgestellt. *Anlage und Museum Di–So 8–18 Uhr*

Berühmte Bulgaren – ein Minilexikon

Natürlich hat an der Spitze ein König zu stehen: *Simeon II.*, geboren am 16. Juni 1937 als Sohn des Zaren Boris III., der 1943 verstarb. Simeon musste unmittelbar nach dem Referendum im September 1946, dessen Ergebnis die Abschaffung der Monarchie war, zusammen mit der ganzen königlichen Familie das Land verlassen. Diese ließ sich später in Spanien nieder, wo Simeon als Finanzberater und Grundstücksmakler ein erfolgreicher Geschäftsmann wurde. Er hat nie auf den Thron verzichtet. 1996 kehrte er erstmals nach Bulgarien zurück, wo ihm ein überwältigender Empfang durch die Bevölkerung zuteil wurde. Die beiden berühmtesten Schriftsteller des Landes könnten unterschiedlicher kaum sein. *Ivan Vazov* (1850–1921) hat sich seinen Ruf als »Nationaldichter« redlich verdient. In seinem bekanntesten Roman »Unter dem Joch« und in zahlreichen anderen Werken verherrlichte er die bulgarische Nationalbewegung so sehr, dass man getrost von einer Blut-und-Boden-Mentalität sprechen kann. *Pejo Javorov* (1878–1914) hingegen, der wohl bedeutendste bulgarische Lyriker, gehörte zu den Mitbegründern des Symbolismus in der bulgarischen Literatur. Unter seinem Vornamen *Christo* (geb. 1935) weltberühmt wurde ein Bulgare mit dem Familiennamen Javachev, der verhüllt, um zu enthüllen. Christo studierte 1952–1956 an der Kunstakademie in Sofia. Seine Großprojekte sorgten immer für ebenso spektakuläre wie überraschende Perspektiven – wie die lange umstrittene Verhüllung des Reichstagsgebäudes in Berlin.

Rote Felsen, grüne Wälder, weißer Sand

Raue Felslandschaften im Norden, im Süden malerische Städtchen

Ungastlich« wurde das Schwarze Meer in der griechischen Mythologie geheißen, weil es, von starken nordöstlichen Winden angepeitscht, im Herbst und im Winter zu stürmischer Wallung anhob. Spätere Siedler im Küstengebiet waren anderer Meinung, sie nannten es das gastliche Meer. Die Türken wiederum lernten bei ihrem Vormarsch vor allem den stürmischen Charakter kennen. Derartiges hatten sie an der Südseite nicht erlebt. Für sie war es das schwarze Meer – und dabei blieb es. Heute befindet sich hier das Zentrum bulgarischer Gastlichkeit, das die meisten Touristen kennen lernen. Auf 378 km Küstenlänge erstreckt sich eine vielfältige Pracht, mit der die Natur dieses Land ausgestattet hat. Die Bulgaren teilen die Schwarzmeerküste in zwei Abschnitte ein: einen nördlichen mit Varna als Zentrum und einen

südlichen mit dem Zentrum Burgas. Die Aufteilung hat auch etwas mit einer Spaltung in zwei fast schon ideologische Lager zu tun. Nicht wenige Sofioter schwören Stein und Bein, dass die Strände im Süden viel schöner seien, was manche Varnenser wiederum für eine der typischen Boshaftigkeiten der Hauptstädter ihnen gegenüber halten.

Beide Teile haben in der Tat ihre eigenen Reize. Der Norden hat wunderschöne Felslandschaften um Balčik herum und namentlich bei Kaliakra zu bieten, wo rötliche Steine bis zu einer Höhe von 60–70 m aus dem Meer herausragen, die aufsteigende grüne Kulisse des Goldstrands und ganz gewiss auch die interessantere Großstadt. Im Süden wird der Sand zusehends heller und feinkörniger. Um Primorsko wecken die üppige Vegetation und der mit Schlingpflanzen durchsetzte Wald im Mündungsgebiet des Ropotamo subtropische Gefühle. Diesen Teil schmücken mit Nesebâr und Sozopol die malerischsten Städtchen.

Der weiße Strand und die ins Grüne gebaute Anlage von Goldstrand bieten genügend Platz für viele Menschen

VARNA

(**111/D 4**) Mehr als 2500 Jahre hat
Varna (310 000 Ew.) nun auf dem
Buckel – aber dank Meer, See-
fahrt und spätem Tourismus ist
die Stadt offen, dank der allge-
genwärtigen Kastanienbäume ist
auch ihr Kern grün, und die Atmosphäre ist jugendlich frisch geblieben. Natürlich ist die zauberhafte Lage das Kapital der Stadt,
aber die Varnenser haben auch
etwas daraus gemacht. Drei
Strände (Nord, Zentral, Süd),
Rücken an Rücken zum alten
Teil, nebenan ein wunderschö-
ner, riesiger Meerespark, der zum
Flanieren einlädt. Die Altstadt
von Varna – wo 570 v. Chr. aus
Milet stammende Griechen den
Ort Odyssos gründeten – befindet sich nicht gerade in musea-
lem Zustand. Sie verbreitet den

heimeligen Charme einer gewachsenen Siedlung, die nach
Hinterhof und Nachbarschaft
riecht. Kulturell hat Varna einiges
zu bieten, eine große Anzahl von
gut bestückten und originellen
Museen und mit dem Varnaer
Sommer ein herausragendes Festival für Oper, Ballett und klassische Musik.

BESICHTIGUNGEN

Morska gradina (Meerespark)

★ Das riesige Areal bei der Alt-
stadt lädt ein zum Spazierenge-
hen und Ausruhen. Im *Aquarium*
(*Mo 14–19 Uhr, Di–Sa 8.30–19, im
Winter Mo–Fr 9.30–16 Uhr*) sind
Flora und Fauna des Schwarzen
Meeres zu sehen und auch einige
Emigranten aus dem Mittelmeer
und dem Nordatlantik. Erläute-
rungen in deutscher Sprache.

MARCO POLO TIPPS
FÜR DIE SCHWARZMEERKÜSTE

1 **Altstadt von Sozopol**
Die Halbinsel als Fischerdorf, das sich Ursprüng-
lichkeit und Ruhe bewahrt
hat (Seite 88)

2 **Nesebâr**
Die Halbinsel als Museums-
stadt – eine zauberhafte
Sammlung aus antiken
Zeugnissen, byzantinischen
Kirchenbauten und bulga-
rischer Architektur des
19. Jhs. (Seite 87)

3 **Meerespark von Varna**
Zwischen Meer und Stadt-
kern eine Einladung
zum Flanieren (Seite 84)

4 **Römische Thermen
in Varna**
Überreste der Bäder
aus dem 2. und 3. Jh.
auf 7000 m^2 (Seite 85)

5 **Archäologisches Museum
in Varna**
Prunkstück sind die Funde
aus der chalkolithischen
Nekropolis von
Varna 5000–4000 v.Chr.
(Seite 85)

6 **Goldstrand**
Weiter Strand und viel
Grün drumherum – eine
gelungene Feriengroß-
anlage (Seite 89)

Außerdem gibt es ein *Delphinarium* und ein *Naturkundemuseum*.

Rimski termi (Römische Thermen)

★ Etwa drei Viertel des Areals von 10 000 m^2 im Südosten der Stadt, die die römischen Thermalbäder aus dem 2. und 3. Jh. einnehmen, sind durch die Ausgrabungen in den Jahren 1959 bis 1971 zu Tage gefördert worden. Freigelegt wurden Überreste vom Kanalsystem, von Wasserbecken sowie von zahlreichen Räumen und Hallen, von denen einige imposante Höhen erreichen. *Zwischen den Ul. San Stefano, Han Krum, Car Kalojan, Knjaz Dondukov und Graf Ignatiev, Di–So (im Winter Di–Sa) 10–17 Uhr*

Sveto Uspenie Bogorodično (Christi-Himmelfahrts-Kathedrale)

Die Kathedrale von Varna wurde 1884 bis 1886 errichtet, den Grundstein legte 1880 der erste Fürst des neuen Staates, Alexander Battenberg. Sehenswert ist vor allem der Ikonostas, der von makedonischen Meistern aus Debâr geschaffen und 1912 hier angebracht wurde; die reiche Wandbemalung dagegen stammt aus den Jahren 1949/50. *Ecke Ul. Marija Luiza/Ul. Varnenčik, tgl. 7 bis 18 Uhr*

MUSEEN

Arheologičeski muzej (Archäologisches Museum)

★ Die Prunkstücke der reichhaltigen Kollektion (50 000 Exponate aus der vorgeschichtlichen Zeit bis zum Mittelalter) sind die Funde aus einer Grabstätte der Kupferzeit (Chalkolithikum, 5000 bis 4000 v. Chr.). Mehr als ein Drittel der freigelegten Grabstätten aus jener Zeit enthielten kein Skelett, sondern ausschließlich symbolische Grabbeigaben: viel Schmuck, Gegenstände aus purem Gold, zylinderförmige Perlen, aber auch Werkzeuge und Gefäße. Der Schmuck gehört zu den ältesten Goldschmiedefunden überhaupt. Im Museum ist auch eine Ausstellung bulgarischer Ikonen aus dem 16.–19. Jh. zu besichtigen. *Bul. Marija Luiza polk 41, Di–So 10–18 Uhr (im Winter Di–Sa 10–17 Uhr)*

Etnografski muzej (Ethnografisches Museum)

In einem der wenigen restaurierten Häuser der Wiedergeburtszeit wird der Alltag in der Region um die letzte Jahrhundertwende gezeigt – Trachten, Handwerk und Schmuck, Szenen volkstümlicher Feste und Rituale und die Originaleinrichtung einiger Räume aus dieser Zeit. *Ul. Panagjurište 22, Di–So 10–17 Uhr (im Winter Mo–Fr 10–17 Uhr)*

RESTAURANTS

Dimjat

Etwas außerhalb des Zentrums, in der Nähe der Sporthalle. Reiches Angebot an guter bulgarischer und internationaler Küche. Schöner Sommergarten. *Ul. Konstantin Fotinov 1, €€*

Paraklis

Hier bekommen Sie köstliche traditionelle bulgarische Gerichte serviert, die man andernorts fast schon vergessen hat, z. B. Kalbfleisch mti Auberginen. Restauriertes Gebäude mit eigenem Charme, innen Ikonen und draußen schöne Terrasse. *Bul. Primorski 47, €€–€€€*

Rimski Termi

Vorzügliche bulgarische und internationale Küche, breites Angebot, Pianomusik und Terrasse. *Bul. Slivnica 50,* €€–€€€

EINKAUFEN

Auf dem riesigen ❂ *Bazar* neben der Sporthalle auf dem *Bul. Knjaz Boris I.* wird außer Lebensmitteln fast alles angeboten, darunter gute Lederwaren aus der Türkei. In der Innenstadt lohnt ein Blick auf die Damenmode bei *Valentina, Pl. Nezavisimost.*

ÜBERNACHTUNG

Privatquartiere vermitteln das *Touristikbüro Libra* und zahlreiche Reisebüros in der Stadt.

Černo more

Mitten im Zentrum und nahe am Meerespark. Das größte und komfortabelste Hotel Varnas. *200 Zi., Bul. Slivnica 33, Tel. 052/ 23 21 11, Fax 23 63 11,* €€–€€€

Odesa

Mittelklassehotel, nicht weit vom Meerespark. *94 Zi., Bul. Slivnica 1, Tel. 052/22 83 81, Fax 25 30 83,* €€

AM ABEND

Im *Varnaer Sommer* von Mitte Juni bis Mitte August gibt es fast täglich vorzügliche Konzerte, Opern- oder Ballettaufführungen von Ensembles aus aller Welt. Hauptveranstaltungsort für diese wie für andere Höhepunkte im kulturellen Leben Varnas ist der *Festivalkomplex am Meeresgarten,* einige Veranstaltungen finden aber auch im Stammhaus der *Oper* am

Pl. Nezavisimost und im *Freilichttheater im Meerespark* statt. Es gibt viele angenehme Cafés auszuprobieren, darunter das ❂ ⚘ *Casablanca,* unmittelbar hinter dem Theater ❂ ⚘ *Starata palma* oder die *Caféterrasse* im Festivalkomplex. Von den Diskos in Varna gehört ❂ ⚘ *City-Club* im Festivalkomplex zu den beliebtesten.

AUSKUNFT

Libra

Vermittelt auch Privatquartiere. *Ul. Bratja Miladinovi 20, Tel. 052/ 69 12 68/69/70, Fax 25 20 68, E-Mail libra@bitex.com, Mo–Sa 9–20 Uhr*

ZIELE IN DER UMGEBUNG

Aladža manastir (Höhlenkloster Aladža) (111/D 3)

Das Höhlenkloster stammt aus dem 13. oder 14. Jh. In den Kalksteinfelsen sind zwei Stockwerke ausgehöhlt, die durch eine Treppe verbunden waren. Im unteren Stock sind in den Überresten der Kirche Spuren von Wandmalereien, vermutlich aus dem 14. Jh., erhalten, die allerdings erheblich gelitten haben. Einen schönen Anblick bieten die sonnenbestrahlten ☀ Kalksteinfelsen, von denen man auch einen reizvollen Ausblick auf das Schwarze Meer hat.

Albena (111/E 3)

Eine der neueren Urlaubsanlagen Bulgariens mit mehr als 40 Hotels, drei Campingplätzen und einem 7 km langen, bis 100 m breiten Strand. Viele Sportstätten, Geschäfte, zahlreiche Angebote für Kinder und natürlich ein dichtes Netz von Lokalen machen Albena zu einer autonomen Urlaubsinsel, der es allerdings an Atmosphäre fehlt.

Balčik (111/E 3)

Der Ausflug in eine der ältesten Städte Bulgariens lohnt wegen der zauberhaften Lage über dem Meer, das gegen die wunderschön anzusehenden Kalksteinfelsen brandet. Unbedingt sehenswert sind das *Schloss von Königin Marija* und der *Park,* der einen botanischen Garten mit über 3000 Pflanzenarten beherbergt.

Burgas (117/E 2)

Man wird Burgas (155 000 Ew.) nicht zu nahe treten, wenn man es nicht zu den Perlen unter den bulgarischen Großstädten zählt; die Industrie und der Hafen prägen sein Gesicht. Die Sehenswürdigkeiten konzentrieren sich um die Stadtmitte mit den Straßenzüge Aleksandrovska und Bogoridi, zu erwähnen sind das *Archäologische Museum (Bogoridi 21)* und die *Kirche Sveti Sveti Kiril i Me-*

todij, gebaut 1894 bis 95 nach Entwürfen von Ricardo Toscani.

Kap Kaliakra (111/F 3)

Das Kap steht heute unter Denkmalschutz, früher diente es der Verteidigung. An der Küste sind Überreste der Festungsmauern freigelegt. Den schönsten An- und Ausblick bieten rötliche Felsen, die bis zu 70 m hoch aus dem Meer herausragen.

Nesebâr (117/E 1)

★ Eine Bilderbuchschönheit auf einer Felsenhalbinsel, die auf engem Raum ihre antike Herkunft sichtbar werden lässt, zahlreiche prächtige Zeugnisse der mittelalterlichen Baukunst präsentiert und im ganzen Kern von malerischen Häusern der Wiedergeburtsarchitektur in verwinkelten Gassen übersät ist. Der Ort (9000 Ew.) ist eine einzige Augenweide. Man sieht bereits während der Anfahrt links die Windmühle, dahinter Reste der antiken Stadtmauer am Hafen. Es erwartet Sie

Byzantinische Kirchenruinen stehen in der kleinen Altstadt von Nesebâr

eine einzigartige Ansammlung von teilweise erhaltenen mittelalterlichen Kirchenbauten, darunter die *Alte Metropolitenkirche (Sveta Sofija)* aus dem 5. oder 6. Jh. im historischen Zentrum des Ortes, die *Neue Metropolitenkirche (Sveti Stefan)* aus dem 11. Jh. mit bestens erhaltenen Wandmalereien aus dem 16. Jh. oder die *Kirche des heiligen Aliturgetos,* etwas abseits zum Strand hin gelegen, deren Fassade mit den geschwungenen weißroten Säulenreihen und Bögen die Blütezeit des byzantinischen Kirchenbaus zu erkennen gibt. Die romantische Atmosphäre macht aber die Architektur des 19. Jhs. aus: Sowohl der Fassade wie des Interieurs wegen besonders sehenswert sind das *Lambrinov-Haus* und mehr noch das *Muskojani-Haus.* Wer seinen Kaffee mit der reizvollen Aussicht von einer Felstribüne am Meer einnehmen möchte, sollte ins ❀ *Bistro Zornica (€)* einkehren, wer Fisch essen möchte, in das *Restaurant Starijat ribar (€),* beide in der Nähe der alten Metropolitenkirche. Das größte Hotel ist das *Mesambrija, Ul. Mesambrija, Tel. 0554/432 55, €–€€.*

Slânčev brjag (Sonnenstrand)   (117 / E 1)
Die 27 000-Betten-Herberge Sonnenstrand ist der größte Ferienkomplex des Landes. Am 8 km langen, halbkreisförmigen Strand befinden sich über 100 Hotels, über 130 Lokale, medizinische Zentren, Freilichttheater, Sportstätten und zahlreiche Geschäfte. Der Ferienkomplex war schon immer darauf bedacht, sich als kinder- und familienfreundlich zu präsentieren, doch leidet er an den üblichen Schwächen eines

Touristengettos. Zu den empfehlenswerten Restaurants zählen das *Globus (€€)* mit Zigeunermusik und das *Južni nošti (€€)* mit orientalischem Programm. Wer gern Fisch isst, sollte in der *Feriensiedlung Elenite* das *Taljana (€€)* aufsuchen.

Pobiti Kamâni (Steinerner Wald)   (110 / C 4)
Die Entstehung dieser eigentümlichen Formation von Steinsäulen ist nicht genau bekannt. Sie ragen bis zu 6 m in die Höhe, ihre Fundamente weisen beträchtliche Größenunterschiede auf. Sie sehen aus wie Tropfsteingebilde, nur stehen sie eben an der Oberfläche. Experten schätzen ihr Alter auf 50 Mio. Jahre. Die Steinsäulen sind in acht Gruppen unterteilt, von denen die zentrale Gruppe die größten Objekte vereinigt. *18 km westlich von Varna auf der Strecke nach Sofia, Mai–Sept. tgl. 10–17 Uhr*

Sozopol   (117 / E 2)
Der Streit darüber, wer schöner sei, Sozopol oder Nesebâr, ist ziemlich müßig – sie sind es beide auf ihre Art. Die ★ Altstadt von Sozopol (5000 Ew.) ist wie Nesebâr auf einer Felsenhalbinsel gelegen, und wie Nesebâr beherbergt sie eine Fülle von attraktiven Häusern aus dem 19. Jh. Aber hier säumen Zypressen die mit Kopfsteinpflaster bedeckten Gassen, in der Sonne trocknen Fischernetze und unter den Dachgesimsen die Fische. Die Nase registriert den Geruch von Feigen und Trockenfisch, man hat das Rauschen der Brandung und den Flügelschlag der Möwen im Ohr. Ein zauberhaftes Fischerdorf mit drei Stränden, das sich seine ursprüngliche Ruhe

bewahrt hat. Es ist das bevorzugte Urlaubsgebiet von Malern und Schriftstellern. Von den Kirchen ist vor allem *Sveta Bogorodica* sehenswert, innen die Ikonen und Schnitzereien am Ikonostas, an der Kanzel und am Bischofssitz. Das *Archäologische Museum* beherbergt eine bemerkenswerte Sammlung griechischer Vasen. Die schönsten Häuser, *Cafés und Restaurants* sind im Bereich der *Ul. Apolonija* und *Kiril i Metodij*.

Zlatni pjasáci (Goldstrand) (111 / E 3)

★ Der Hausstrand Varnas, 18 km nördlich der Stadt, ist die am besten gelungene Großanlage am Schwarzen Meer. Goldstrand zeichnet vor allem eine schöne Verbindung zwischen dem ruhigen, sonnigen Strand und den waldbedeckten Abhängen aus, die bis an die Küste heranreichen. Letzteres sorgt für eine gemütliche Atmosphäre im Innern der Anlage, sodass abseits des Hauptwegs entlang des Strandes sofort das Gefühl verschwindet, in einer Massenabfertigungsanlage angelangt zu sein. Der 3,5 km lange Strand erreicht teilweise eine Breite von 100 m und ist mit feinkörnigem, golden schimmerndem Sand bedeckt, was der Anlage zu ihrem Namen verhalf. Von Mitte Mai bis Mitte Oktober ist Badesaison, wobei es im Frühling etwas länger kalt bleibt, der Herbst dafür umso länger mild ist. Von Juni bis August können Sie mit Wassertemperaturen zwischen 22 und 24 Grad rechnen.

Mit Restaurants, Cafés und Sportangeboten ist Goldstrand hervorragend ausgestattet. Auf dem *Holiday-Club-Gelände Riviera*, das früher nur der Partei- und Staatsspitze vorbehalten war, ist das *Oazis-Hotel* zu empfehlen *(16 Zi. und Ap., Tel. 052 / 35 52 15, €€)*. Wer es gerne pompöser hätte, wird auf diesem Gelände aber sicher das *Hotel Imperial (72 Zi. und Ap., Tel. 052 / 35 52 15, €€€)* vorziehen. Architektonisch ist der weit größere Bau nicht besonders reizvoll, aber immerhin lockt hier die Präsidentensuite, in der François Mitterrand, Erich Honecker und andere Größen genächtigt haben. Zum Schönsten an diesem Haus gehört das ❧ *Café* mit Meeresblick. Auf dem Gelände gibt es zwei gute Restaurants: Unmittelbar am Strand auf der kleinen Terrasse des *Fischrestaurants Riviera (€–€€)*, auch *Ribkata* (das Fischlein) genannt, gibt es fangfrischen Fisch und eine hervorragende Fischsuppe. Dem *Lotus* mit sehr guten Fischgerichten und schöner Terrasse *(€€)* sieht man nicht unbedingt an, dass es zum Besten gehört, was der Goldstrand zu bieten hat. Im *Košarata* und *Ciganski tabor (beide €)* werden Zigeunermusik und Volkstanz geboten, dazu gute Gerichte vom Grill.

Sport: Ausrüstungen fürs Segeln, Surfen, Wasserskifahren und Parasailing können unter anderem am zentralen Strand beim Yachtclub gemietet werden. Viele Hotels haben Hallen- und/oder Freibäder und Tennisplätze wie das *Lilia* und das *Malina*. Fahrräder und Velorikschas werden an zahlreichen Stellen verliehen. Der *Bazar* vor dem *Hotel Zlatna kotva* bietet viele gute Lederwaren an, interessante *Gemälde* stellt die *Galerie pram* aus. Am Abend lockt neben vielen anderen die beliebte ✪ ⚝ Disko *Dolce vita*.

Das *Tourismusbüro (Tel. 052 / 85 56 07)* befindet sich neben der Poliklinik.

Balkan, Bergseen, Badestrände

Die hier beschriebenen Routen sind in der Übersichtskarte im vorderen Umschlag und im Reiseatlas ab Seite 108 grün markiert

① ZENTRAL-BULGARIEN: BALKAN, ROSEN UND GESCHICHTE

 Diese Route vereinigt drei landschaftliche Schönheiten: den Balkan von außen und von innen, das Tal der Rosen und den Ausblick aufs Mittelgebirge. Ein großer Teil verläuft quasi entlang der Scheidelinie zwischen dem rauen, vom Balkan geprägten Norden und dem sonnigen, bunten Süden des Landes. Gleichzeitig schließt sie am Anfang (Koprivštica) und am Ende (Etära) das malerischste Städtchen und das originellste Freilichtmuseum des Landes ein. Schließlich und nicht zuletzt führt es den Reisenden zu wichtigen Schauplätzen der bulgarischen Geschichte, die vor allem mit der Periode der »nationalen Wiedergeburt« und mit dem Befreiungskampf gegen das Osmanische Reich zu tun haben. Die gesamte Wegstrecke beträgt gut 150 km. Für die reine Fahrzeit sind etwa zweieinhalb bis drei Stunden zu veranschlagen. Angesichts der Sehenswürdigkeiten auf der Route ist es aber sinnvoll, zwei Tage einzuplanen und über Nacht einen Zwischenstopp in Kazanlâk einzulegen. Wer mehr Zeit hat, kann

noch einen Tag anhängen und die sehenswerten Orte Boženci und Trjavna ansteuern.

Beginnen Sie den Ausflug mit einem Rundgang durch *Koprivštica* (S. 67). Das bezaubernde Städtchen ist die passende Einstimmung auf diese Tour. Von hier aus sind es 13 km bis zur Landstraße Nr. 6, auf die Sie nach rechts in Richtung Kazanlâk und Burgas einbiegen. Nun befinden Sie sich auf der »Linie am Fuße des Balkan« *(podbalkanska linija)*, wie sie von den Bulgaren genannt wird. Zur Linken begleiten Sie die Südausläufer des mittleren Balkan – nur selten bewaldete Hänge, wie sie im nördlichen Teil des Gebirges üblich sind, sondern meist kahle, steile, terrassenförmige Abstürze. Der mittlere Balkan ist der massivste Gebirgsteil, und in seinem Süden befinden sich die steilsten Schluchten.

Die zweite landschaftliche Attraktion beginnt auf der Höhe von Klisura: Ab hier ist die gesamte Wegstrecke bis Kazanlâk (knapp 90 km) gewissermaßen rosengetränkt – aber freilich nur, wenn Sie während der Blütezeit im Mai oder im frühen Juni fahren. Außerhalb dieser Periode werden Sie auf die Farbenpracht und auch auf den Duft im *Tal der Rosen (S. 68)* verzichten müssen. Allerdings hat auch das Rosental die Folgen des wirtschaftlichen Niedergangs in den Neunzigerjahren zu spüren bekommen, und selbst dem flüchtigen Betrachter wird dieser Niedergang offensichtlich. Die Produktion von Rosenöl ist um fast zwei Drittel zurückgegangen, und an den Weltmärkten hat Bulgarien vor allem gegenüber der Türkei viel an Boden verloren. Der Blick auf die Anbauflächen bestätigt dies auf schmerzhafte Weise: In vielen Fällen sind die einstigen Rosenhecken inzwischen Gemüsefeldern und Erdbeerplantagen gewichen oder gar zu halb verdorrten Büschen verkommen.

Während die Landschaft auf dieser Route fast ununterbrochen reizvoll ist, konzentrieren sich die anderen Sehenswürdigkeiten auf den Beginn und das Ende. Nach Koprivštica werden Sie, auch wenn Sie bis Kazanlâk im Auto verweilen, nichts Wesentliches versäumen. Immerhin: Einige Städte im Tal der Rosen sind die Geburtsorte berühmter Bulgaren – in Sopot wurde der Nationaldichter Ivan Vazov, in *Karlovo (S. 69)* der Nationalheld Vasil Levski *(S. 24)* und in *Kalofer (S. 68)* der Poet und Revolutionär Hristo Botev geboren. Ihre Geburtshäuser, als Museen hergerichtet, gehören zu den wenigen Attraktionen dieser Städte. *Kazanlâk (S. 68)* hingegen bietet mit dem thrakischen Grabmal aus dem 4. Jh. v. Chr. einen wichtigen Anziehungspunkt und aus Gründen der Infrastruktur als der geeignetste Ort für den Zwischenhalt zu empfehlen.

Von Kazanlâk aus geht es dann auf der E 85 in den Balkan hinein. Hier wird dem Reisenden eindringlich vor Augen geführt, dass der Balkan ein eher mildes als wildes Gebirge ist. Auf dem Weg von Kazanlâk nach Gabrovo ragen zwei Sehenswürdigkeiten heraus: der *Šipka-Pass (S. 69)* und das Freilichtmuseum Etâra. Die Gedächtniskirche im Dörfchen Šipka und der Blick von dem auf dem Šipka-Gipfel befindlichen *Mahnmal* für die gefallenen Bulgaren und Russen auf das Tal der Rosen und das Mittelgebirge gehört zu den Highlights auf dieser Route, ein Abstecher zu dem 12 km östlich des Šipka-Passes liegenden Nachbargipfel *Buzludža* zu den angenehmen Ergänzungsmöglichkeiten. Dort locken ein prächtiger Nationalpark und die bizarre Struktur des *Museums*. Das Ganze ähnelt einem Raumschiff, das auf der Erde gelandet ist. Im Museum wird der Rebellen um Hadži Dimitâr gedacht, die am 2. August 1868 an dieser Stelle im Kampf gegen die Türken starben. Außerdem wird an die Gründungskonferenz der Bulgarischen Sozialistischen Partei erinnert, die am selben Ort am 2. August 1891 stattfand.

Den krönenden Abschluss der Route bilden der ausgedehnte Gang durch die nachgebildeten Werkstätten aus der Zeit der »nationalen Wiedergeburt« im *Freilichtmuseum Etâra (S. 72)* und der anschließende Gaumenschmaus im Weinkeller.

Wer den Ausflug um einen weiteren Tag verlängern möchte, sollte von Etâra aus das Museumsstädtchen *Boženci (S. 72)* und das für seine Architektur aus dem 19. Jh. bekannte Örtchen

Trjavna (S. 73) besuchen, beide nur wenige Kilometer östlich von Gabrovo gelegen. Von dort ist es auch nicht mehr weit bis *Veliko Târnovo (S. 69)* und dem in unmittelbarer Nähe gelegenen *Arbanasi (S. 71),* einer eindrucksvollen und bestens gepflegten Dorfanlage unter Denkmalschutz.

② RILA UND PIRIN: GEBIRGE, BERGSEEN UND KLÖSTER

 Der Südwesten beherbergt die beiden höchsten Gebirgszüge des Landes – das Rila- und das Pirin-Gebirge. Beide sind leicht zugänglich und gehören wegen ihres satten Grüns und der zahlreichen Gebirgsseen zu den beliebtesten Ausflugszielen Bulgariens. Die Route führt durch beide Gebirgszüge hindurch und vermittelt einen Einblick in die landschaftlichen Reize der Region. Wer diese voll auskosten will, sollte das Auto in Bansko, am Rila-Kloster oder in Borovec abstellen und von dort aus eine Wanderung zu einem der Gipfel oder der zahlreichen Gebirgsseen unternehmen. Am Anfang und am Ende der Tour stehen Begegnungen mit der bulgarischen Klosterwelt. Die Route führt vom Rila-Kloster über Rila und Bansko nach Melnik und zum Rožen-Kloster. Die gesamte Wegstrecke beträgt gut 200 km. Bei gemütlichem Tempo wird die reine Fahrzeit zwischen dreieinhalb und vier Stunden betragen. Wenn Sie auch gleich das Rila-Kloster besichtigen wollen, sollten Sie in Bansko einen Zwischenhalt einlegen, wo Sie auch gut übernachten können.

Die größte, bekannteste und vermutlich auch schönste Klosteranlage des Landes – das *Rila-Kloster (S. 56)* – steht am Beginn der Route. Mindestens einen halben Tag sollte man für ihre Besichtigung einplanen. Schon der zum Kloster hinführende Weg am Fluss Rilska Reka entlang, mitten durch dichten Tannenwald, gibt Ihnen einen ersten Eindruck davon, was Sie im Südwesten erwartet: Ruhe, Höhen, Wasserläufe und ein schier unendliches Grün.

Auf die Hauptstraße des Südwestens und auch dieser Route, die E 79, biegen Sie dann bei Kočerinovo nach links in Richtung Blagoevgrad ein. Die Straße verläuft direkt am Fluss Struma entlang und durchzieht sowohl das Rila- wie auch das Pirin-Gebirge. Auf beiden Seiten säumen sie üppig bewaldete Hänge, während im Auf und Ab der Straßenführung nie der Blick auf die Windungen der Struma verloren geht, die einige Male auch überquert wird. Einen Abstecher unbedingt wert ist *Bansko (S. 54):* Bei Simitli biegen Sie links auf die Straße nach Gradevo und Razlog ein; von der Abzweigung bis Bansko sind es 43 km.

Zurück auf der E 79 geht es dann südwärts bis fast an die griechische Grenze, bis Sie kurz hinter Sandanski nach Melnik abbiegen. In *Melnik (S. 58)* sollten Sie sich nicht nur Zeit für einen ausgiebigen Stadtrundgang nehmen, sondern auch für den Fußweg zum nahen *Rožen-Kloster (S. 59).*

Abgesehen von Bansko und Melnik sind die Ortschaften entlang dieser Route von geringerem Interesse. Wenn Sie zwischendurch eine weitere Pause einlegen wollen, so sollten Sie dies entweder in Blagoevgrad oder in Sandanski tun. *Blagoevgrad* hat durch die 1991 eingerichtete, englischsprachige Amerikanische Universität in Bulgarien an Vitalität gewonnen. Sehenswert sind hier die pittoresken Überbleibsel vom einstigen türkischen Viertel. *Sandanski* ist vor allem als Heilbad bekannt. Hier steht ein riesiges Denkmal von Spartakus, denn einige Forscher glauben, dass der Führer des größten Sklavenaufstandes im Römischen Reich in dieser Stadt geboren wurde.

③ MEDITERRANE ATMOSPHÄRE AN DER SÜDLICHEN SCHWARZMEERKÜSTE

Der südliche Teil der Schwarzmeerküste hat die schönsten Strände, die malerischsten Städtchen, die üppigere Vegetation und eine mediterran anmutende Atmosphäre zu bieten. Viele Ortschaften ragen als Halbinseln ins Meer, Fischerdörfchen und -städte reihen sich aneinander, hell schimmernde Sandstrände laden zum Baden und Sonnen ein. Die Route führt von Nesebâr über Burgas und Sozopol nach Ahtopol. Die Länge der Strecke beträgt insgesamt rund 130 km. Sie lässt sich zwar in etwas mehr als zwei Stunden bewältigen, doch sollten Sie angesichts der schönen Orte am Wegesrand mindestens eine zweitägige Tour daraus machen. Übernachtungsmöglichkeiten sind praktisch überall vorhanden.

Schon der Beginn der Route bietet eine architektonische Perle: das romantische Städtchen *Nesebâr (S. 87)*. Von hier aus geht es südwärts auf der E 87 in Richtung Burgas.

Die erste größere Ortschaft auf dem Weg, das Heilbad *Pomorie*, auf einer schmalen, felsigen Halbinsel liegend, wurde 1906 durch einen Brand fast völlig zerstört, weswegen nur wenige alte Gebäude erhalten geblieben sind. Pomorie hat für die Gesundheit Moorbäder und Sanatorien und für den Gaumen einen aromatischen Wein (Pomorijski dimjat) zu bieten.

Sie werden nichts Außergewöhnliches verpassen, wenn Sie *Burgas (S. 87)* ohne längeren Aufenthalt passieren, um umso schneller nach *Sozopol (S. 88)* zu gelangen. Südlich von Sozopol erstrecken sich die schönsten Sandstrände Bulgariens und zahlreiche wundervolle Buchten: Es ist kein Zufall, dass hier einige der besseren Feriensiedlungen eingerichtet worden sind. *Kavacite* etwa hat ein luxuriöses Motel und einen schönen Campingplatz sowie Bungalows mitten im Wald anzubieten. *Djuni* etwas weiter südlich lockt mit besonders feinem Sandstrand. Noch vornehmer wird es dann in *Arkutino*, das im Eichenwald an einer stillen Bucht liegt. Etwas weiter südlich stößt man auf die Mündung des Flusses Ropotamo ins Schwarze Meer. Wer einen Abstecher ins Land hinein machen will, sollte dies hier tun und sich immer am Fluss halten: Man wird mit subtropischer Vegetation belohnt. Nach Süden hin wird es dann, wieder auf der E 87, immer ruhiger: *Carevos* kleiner Hafen wirkt fast verschlafen. Ab hier folgen Sie nicht weiter der E 87, sondern bleiben am Meer. Die kleinere Landstraße führt nach *Ahtopol*, das wegen seiner halbinsularen Lage und der engen Gassen wie eine Miniaturausgabe von Sozopol wirkt.

Von Auskunft bis Zoll

Hier finden Sie kurz gefasst die wichtigsten Adressen und Informationen für Ihre Bulgarienreise

AUSKUNFT

Bulgarisches Fremdenverkehrsamt

– *Eckenheimer Landstr. 101, 60318 Frankfurt/Main, Tel. 069/29 52 84 /85, Fax 29 52 86*
– *Mauerstr. 11, 10117 Berlin, Tel. 030/20 64 96 67, Fax 251 25 79, E-Mail whtvk@t-online.de*

Büro der Handelsvertretung Bulgariens

Schwindgasse 8, 1040 Wien, Tel. 01/505 64 44, Fax 505 14 23

Vertretung der Republik Bulgarien

16, chemin des Crets-de-Pregny, 1218 Grand Sacconex/Genève, Tel./Fax 022/798 03 02

AUTO

Nationaler Führerschein genügt, die internationale grüne Versicherungskarte ist aber obligatorisch. Falls diese nicht vorhanden ist, muss an den Grenzübergängen eine Haftpflichtversicherung abgeschlossen werden. Für Schadensregulierung ist ein Polizeiprotokoll erforderlich. Erlaubte Höchstgeschwindigkeiten: für PKW auf Autobahnen 120 km/h, auf Landstraßen 80 km/h, in Ortschaften 60 km/h, für PKW mit Wohnwagen und Motorrädern entsprechend 100 km/h, 70 km/h bzw. 50 km/h. Es gilt absolutes Alkoholverbot.

Der *Pannendienst* hat im ganzen Land die Rufnummer *146.* Zuständig für den zentralen Pannendienst ist der *Touring Club in Sofia (Pl. Pozitano 3, Tel. 02/ 989 52 42).* Informationen für Autofahrer erteilt die *Reiseagentur Šipka in Sofia (Ul. Lavele 18, Tel. 02/988 38 56).*

BANKEN/GELD

Die Ein- und Ausfuhr der Landeswährung ist verboten. Geld darf nur in Bulgarien selbst getauscht werden. In den meisten Banken, in größeren Hotels, in einigen Tourismusbüros sowie in privaten Wechselstuben ist der Umtausch möglich. Viele Wechselstuben sind bis abends geöffnet, während bei einigen Banken, deren übliche Öffnungszeit *Mo bis Fr 9–16 Uhr* ist, nachmittags kein Geldwechsel möglich ist.

Eurocheques und *Travellerschecks* werden fast nur in größeren Banken und Tourismusbüros angenommen.

Kreditkarten: Luxushotels und Niederlassungen der Autoverleihfirmen akzeptieren die gängigen Kreditkarten. Seltener werden sie auch in Geschäften angenommen.

Bankautomaten sind inzwischen zumindest in den größeren Städten vorhanden.

CAMPING

Das Land hat ein ausgedehntes Netz an Campingplätzen, von denen sich an den touristisch interessanten Orten mindestens einer und am Schwarzen Meer die gesamte Küste entlang sehr viele finden. Eine Liste verschicken die Fremdenverkehrsämter.

DIPLOMATISCHE VERTRETUNG

Deutsche Botschaft in Sofia
Ul.Žolio Kjuri 25,
Tel. 02/91 83 80

Österreichische Botschaft in Sofia
Ul. Šipka 4,
Tel. 02/981 17 21

Schweizer Botschaft in Sofia
Ul.Šipka 33,
Tel. 02/943 30 68

EINREISE

Ein gültiger Reisepass ist erforderlich. 1997 schaffte Bulgarien die Visumpflicht für Bürger der EU-Staaten sowie Liechtensteins und der Schweiz ab, sofern sie nicht länger als vier Wochen in Bulgarien bleiben. Individualreisende müssen sich bei der zuständigen Ausländerstelle der Polizei an ihrem Aufenthaltsort registrieren lassen, was normalerweise die Hotels erledigen.

FOTOGRAFIEREN

Das Fotografieren militärischer Anlagen ist untersagt. In Kirchen sollte man fragen, es wird unterschiedlich gehandhabt. In den Großstädten und den touristischen Zentren sind die im Westen gängigen Produkte an Filmen und Batterien erhältlich.

GESUNDHEIT

Bei Erkrankungen wenden Sie sich zunächst an die Rezeption im Hotel. Einen Arzt erreichen Sie über Notruf 150. In Großstädten und Touristenzentren sind die gängigen Medikamente erhältlich. Eine Grundausstattung sollte man mitnehmen. Es empfiehlt sich, eine Reisekrankenversicherung abzuschließen.

HAUSTIERE

Für Hunde und Katzen werden amtsärztliches Tollwutimpf- und Gesundheitszeugnis verlangt, die spätestens einen Monat vor der Einreise ausgestellt worden sein müssen. Aber immer noch erlauben viele Hotels, Restaurants und andere touristische Einrichtungen die Mitnahme von Haustieren nicht.

INTERNET

Bulgarien allgemein
www.search.bg; http://dir.yahoo.com/ regional/countries/bulgaria; www.bulgaria.com

Tourismus in Bulgarien
www.travel-bulgaria.com; www.interrinet.bg; www.bulgaria.com/travel/ index.html; www.sofia.com:8080/ realindex.html

MIETWAGEN

In den Großstädten und den Zentren am Schwarzen Meer haben verschiedene Firmen inzwischen Niederlassungen, am meisten verbreitet sind Europcar und mehr noch Hertz. Bezahlt bzw. kassiert wird ausschließlich in Devisen. Tagesmiete ab 25 Euro plus Kilometergeld.

NOTRUF

Notarzt *Tel. 150,* Polizei *Tel. 166*

ÖFFENTLICHE VERKEHRSMITTEL

Sowohl der innerstädtische wie auch der Überlandverkehr verfügen über ausgedehnte Netze und sind ausgesprochen billig. Im Fernverkehr ist meistens der Bus der Eisenbahn vorzuziehen, wobei es inzwischen neben den staatlichen Linien auch private Busunternehmen gibt, über die man sich bei den großen Hotels erkundigen sollte. Inlandflüge sind ebenfalls relativ preiswert, für eine Strecke Sofia–Varna zahlen Nichtbulgaren etwas mehr als 50 Euro.

ÖFFNUNGSZEITEN

In der Regel sind Lebensmittelgeschäfte Mo–Fr von 8 bis 20 Uhr, Bekleidungsgeschäfte von 10 bis 19 Uhr und Banken von 9 bis 16 Uhr geöffnet. Samstags kann man zumindest bis zum frühen Nachmittag Lebensmittel und Textilien kaufen.

POST

Die bulgarischen Postämter sind meist Mo bis Sa von 8.30 bis 17.30 Uhr geöffnet. Briefmarken sind nur hier erhältlich. Die Preise für Postsendungen nach Westeuropa ändern sich häufig, sind aber vergleichsweise niedrig.

STROM

220 Volt Wechselstrom, die Mitnahme eines Adapters ist empfehlenswert.

TAXI

Nach westeuropäischen Maßstäben immer noch sehr billig. Pro gefahrenen Kilometer zahlen Sie je nach Unternehmen zwischen 20 und 25 Cent. Ein Taxameter ist Pflicht, Quittung ebenso. Bestehen Sie auf beidem!

TELEFON

Die Telefongebühren sind relativ niedrig, wobei diejenigen ins Ausland spürbar angezogen haben. Von vielen Telefonzellen kann ins Ausland telefoniert werden, am praktischsten sind die »Bulphon«-Telefonkarten.

Vorwahlen

0049 nach Deutschland, 0043 nach Österreich, 0041 in die Schweiz, 00359 nach Bulgarien, dann jeweils Vorwahl ohne die Null.

ZEIT

In Bulgarien gilt Osteuropäische Zeit, das Land ist der Mitteleuropäischen Zeit damit um eine Stunde voraus. Die Umstellung auf die Sommerzeit im März und die Rückstellung im Oktober erfolgt parallel zu der in Mitteleuropa.

ZOLL

Ausländische Währung darf in unbegrenzter Höhe eingeführt, muss aber ebenso wie etwa wertvoller Schmuck deklariert werden. Zollfrei eingeführt werden dürfen: 250 Zigaretten oder 50 Zigarren, 2 Liter Wein und 1 Liter Spirituosen. Bei der Einreise hat jeder eine statistische Karte auszufüllen, die bei der Ausreise wieder vorzulegen ist, ein Relikt aus der sozialistischen Ära. Ein Vermerk wird auch über die ankommenden Kraftfahrzeuge ausgestellt, der bei der Ausreise ebenfalls wieder vorhanden sein muss. Diese Kontrollmaßnahme dient dazu, die illegale Einfuhr von Autos zu verhindern.

Freimengen bei Rückkehr in die EU: u. a. 200 Zigaretten oder 50 Zigarren; 1 l Spirituosen; 2 l Wein; sonstige Waren bis zu einem Wert von 175 Euro.

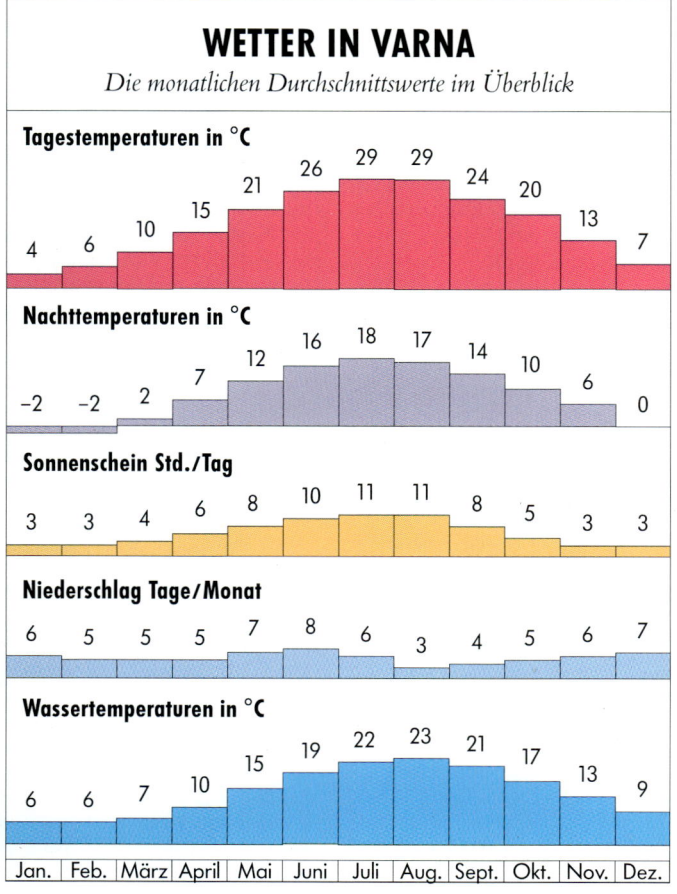

WETTER IN VARNA
Die monatlichen Durchschnittswerte im Überblick

Tagestemperaturen in °C

4, 6, 10, 15, 21, 26, 29, 29, 24, 20, 13, 7

Nachttemperaturen in °C

−2, −2, 2, 7, 12, 16, 18, 17, 14, 10, 6, 0

Sonnenschein Std./Tag

3, 3, 4, 6, 8, 10, 11, 11, 8, 5, 3, 3

Niederschlag Tage/Monat

6, 5, 5, 5, 7, 8, 6, 3, 4, 5, 6, 7

Wassertemperaturen in °C

6, 6, 7, 10, 15, 19, 22, 23, 21, 17, 13, 9

| Jan. | Feb. | März | April | Mai | Juni | Juli | Aug. | Sept. | Okt. | Nov. | Dez. |

Bloß nicht!

*Auch in Bulgarien gibt es – wie in allen Reiseländern –
Dinge, die man besser meidet*

Alkohol am Steuer

Die Angelegenheit ist eindeutig: Es gilt die absolute 0,0-Promille-Bestimmung. In den letzten Jahren war Unsicherheit eingekehrt, weil über eine Gesetzesänderung nachgedacht wurde, doch ist keine Lockerung beschlossen worden. Es ist dringend vor jeglichem Alkoholkonsum zu warnen, wenn Sie sich ans Steuer setzen wollen. Die Taxis sind in Bulgarien für Touristen aus dem Westen immer noch sehr billig.

Leichtsinnig sein

Die wachsende Kriminalitätsrate in den letzten Jahren hat bei vielen Bulgaren große Beunruhigung hervorgerufen und sogar eine Zeitung entstehen lassen, die ausschließlich über einzelne Verbrechen berichtet. Spektakuläres kursiert über »die russische« oder »die türkische Mafia«. Zwar besteht kein Anlass zur Panik, aber Bulgarien ist nicht mehr wie früher ein durchweg »sicherer Hort«. Daher sind Vorsichtsmaßnahmen am Platze: Wertvolles mit sich tragen und festhalten, das Auto unbedingt – auch tagsüber – bewacht parken und nicht zum Ausstellungsgelände für Kameras, Handtaschen und anderes umfunktionieren, nicht mit einem dicken Valutabündel wedeln.

Zustimmend nicken

Es werden kaum Situationen zu vermeiden sein, in denen man sich notgedrungen auf nonverbale Verständigung konzentrieren muss. Damit nicht aus Unkenntnis Missverständnisse entstehen: Wenn die Bulgaren »nicken«, das heißt den Kopf einmal von unten nach oben und dann langsam zurückziehen, dann heißt das »nein!«. Wenn sie den Kopf »schütteln«, das heißt, ihn nach links und dann nach rechts ziehen und das Ganze bei heftiger Zustimmung wiederholen, dann heißt das »ja!«. Wenn Sie also beim Zuhören jemandem nonverbale Zustimmung auf bulgarische Art signalisieren wollen – hüten Sie sich vor dem Nicken!

Schwarz tauschen

Lohnt sich nicht und ist zudem noch illegal. Wenn auch weitaus seltener als früher, gibt es immer noch einige Passanten, die Touristen auf Geldumtausch ansprechen. Zumeist wird das Angebot etwas günstiger sein als der übliche Durchschnittskurs. Aber es kann Ihnen passieren, dass Ihnen die alten, Anfang 2000 aus dem Verkehr gezogenen Leva-Scheine angedreht werden. Gehen Sie lieber zur nächsten Wechselstube, die ist sicher nicht weit.

Sprechen und Verstehen ganz einfach

Zur Erleichterung der Aussprache sind alle bulgarischen Wörter mit einer einfachen Aussprache (in der mittleren Spalte) versehen.
Sehr wichtig ist, dass bei mehrsilbigen Wörtern die richtige Betonung eingehalten wird. Die betonte Silbe ist in der Aussprache durch ein Akzentzeichen (z. B. é) gekennzeichnet.
Weitere Besonderheit: zh wird wie »j« in »Journal« gesprochen.

AUF EINEN BLICK

Ja./Nein.	da./ne.	Да./Не.
Vielleicht.	mózhe bi.	Може би.
Bitte.	mólja.	Моля.
Danke.	blagodarjá/mersí.	Благодаря./Мерси.
Vielen Dank!	mnógo wi blagodarjá!	Много ви благодаря!
Gern geschehen.	niáma sa kakwó.	Няма за какво.
Entschuldigung!	iswinéte!	Извинете!
Wie bitte?	mólja?	Моля?
Ich verstehe Sie/dich nicht.	ne wi/te rasbíram.	Не ви/те разбирам.
Ich spreche nur wenig …	gowórja ssámo málko …	Говоря само малко …
Können Sie mir bitte helfen?	mózhete li da mi pomógnete?	Можете ли да ми помогнете?
gut/schlecht	dobré/lóscho	добре/лошо
Ich möchte …	ískam da …	Искам да …
Das gefällt mir (nicht).	towá (ne) mi charésswa.	Това (не) ми харесва.
Haben Sie …?	ímate li …?	Имате ли …?
Es gibt/Es gibt nicht	íma/njáma	има/няма
Wie viel kostet es?	kólko strúwa towá?	Колко струва това?
Wie viel Uhr ist es?	kólko e tschassát?	Колко е часът?
Wo ist die Toilette?	kadé e toalétnata?	Къде е тоалетната?

KENNENLERNEN

Guten Morgen!	dobró útro!	Добро утро!
Guten Tag!	dobár den!	Добър ден!
Guten Abend!	dobár wétscher!	Добър вечер!
Willkommen!	dobré doschlí!	Добре дошли!
Hallo! Grüß dich!	sdrawéj! sdrásti!	Здравеи! Здрасти!
Ich heiße …	as se káswam …	Аз се казвам …
Wie heißen Sie/ heißt du?	kak se káswate/ káswasch?	Как се казвате/ казваш?
Wie geht es Ihnen/dir?	kak ste/si?	Как сте/си?
Danke, gut. Und Ihnen/dir?	blagodarjá, dobré sam, a wíe/ti?	Благодаря, добре съм, а вие/ти?
Auf Wiedersehen!	dowízhdane!	Довиждане!
Tschüss!	tscháo!	Чао!
Bis bald/morgen!	do sskóro/útre!	До скоро/утре!

UNTERWEGS

Auskunft

links/rechts	naljáwo/nadjássno	наляво/надясно
geradeaus	napráwo	направо
nah/weit	blíso/dalétsche	близо/далече
Bitte, wo ist …?	mólja, kadé e …?	Моля, къде е …?
der Hauptbahnhof	zentrálnata gára	централната гара
der Busbahnhof	aftogárata	автогарата
der Flughafen	aerogárata	аерогарата
Ist es weit?	dalétsche li e towá?	Далече ли е това?
Ich möchte … mieten.	ískam da ssi naéma …	Искам да си наема …
… ein Auto	… léka kolá.	… лека кола.
… ein Fahrrad	… velossipét.	… велосипед.
… ein Motorrad	… motoziklét.	… мотоциклет.

Panne

Ich habe eine Panne.	ímam powréda.	Имам повреда.
Würden Sie mir bitte einen Abschleppwagen schicken?	bíchte li mi prátili awaríen aftomobíl?	Бихте ли ми пратили авариен автомобил?
Wo ist hier in der Nähe eine Werkstatt?	íma li túka nablíso aftosserwís?	Има ли тука наблизо автосервиз?

Tankstelle

Wo ist die nächste Tankstelle?	kadé e náj-blískata bensinostánzia?	Къде е наи-близката бензиностанция?
Bitte … Liter …	akó obítschate, … lítra …	Ако обичате, … литра …
… Benzin mit 96 Oktan (Super).	… bensín dewedessét i schest.	… бензин деветде-сет и шест.
… Benzin mit 93 Oktan (Normal).	… bensín dewedessét i tri.	… бензин деветде-сет и три.
… bleifrei.	… besolówen.	… безоловен.
… Diesel.	… díselowo goríwo.	… дизелово гориво.
Voll tanken, bitte.	napalnéte do góre, mólja.	Напълнете до горе, моля.

Unfall

Hilfe!	pómoscht!	Помощ!
Achtung!	wnimánie!	Внимание!
Rufen Sie bitte …	mólja, powíkajte …	Моля, повикаите …
… einen Krankenwagen.	… bársa pómoscht.	… бърза помощ.
… die Polizei.	… polízijata.	… полицията.
… die Feuerwehr.	… pozhárnata kománda.	… пожарната команда.
Es war meine/ Ihre Schuld.	towá bésche mója/ wáscha gréschka.	Това беше моя/ ваша грешка.
Geben Sie mir bitte Ihren Namen und Ihre Anschrift.	mólja, dájte mi ímeto i adréssa si.	Моля, дайте ми името и адреса си.

ESSEN/UNTERHALTUNG

Wo gibt es hier …	kadé íma …	Къде има …
… ein gutes Restaurant?	… dobár restoránt?	… добър ресторант?
… ein nicht zu teures Restaurant?	… ne mnógo skap restoránt?	… не много скъп ресторант?
Gibt es hier eine gemütliche Kneipe?	íma li nablíso njákakwa prijátna krátschma?	Има ли наблизо някаква приятна кръчма?
Reservieren Sie uns bitte einen Tisch für vier Personen für heute Abend.	mólia da ni reserwírate edná mássa sa tschetríma sa dowétschera.	Моля да ни резервирате една маса за четирима за довечера.
Zum Wohl!	nasdráwe!	Наздраве!
Bezahlen, bitte.	mólja sa smétkata.	Моля за сметката.
Haben Sie einen Veranstaltungskalender?	ímate li prográma na kultúrnite meroprijátija?	Имате ли програма на културните мероприятия?

EINKAUFEN

Wo finde ich …?	kadé móga da namérja …?	Къде мога да немеря …?
Apotheke	aptéka	аптека
Bäckerei	chlebárniza	хлебарница
Fotoartikel	magasín sa fotográfski stóki	магазин за фотографски стоки
Kaufhaus	universsálen magasín	универсален магазин
Lebensmittelgeschäft	magasín sa chranítelni stóki	магазин за хранителни стоки
Markt	pasár	пазар

ÜBERNACHTUNG

Können Sie mir … empfehlen?	mózhete li da mi preporátschate …?	Можете ли да ми препоръчате …?
… ein Hotel	… chotél	… хотел
… eine Pension	… panssión	… пансион
Ich habe bei Ihnen ein Zimmer reserviert.	reservírach pri was edná stáia.	Резервирах при вас една стая.
Haben Sie noch freie Zimmer?	ímate li óschte sswobódni stái?	Имате ли още свободни стаи?
ein Einzelzimmer	stája s ednó legló	стая с едно легло
ein Doppelzimmer	stája s dwe leglá	стая с две легла
mit Dusche/Bad	stája s dusch/bánja	стая с душ/баня
für eine Nacht	sa edná noscht	за една нощ
für eine Woche	sa edná ssédmiza	за една седмица
Was kostet das Zimmer …	kólko strúwa stája …	Колко струва стая …
… mit Frühstück?	… ssas sakúska?	… със закуска?
… mit Halbpension?	… s polupanssión?	… с полупансион?

PRAKTISCHE INFORMATIONEN

Arzt

Können Sie mir einen guten Arzt empfehlen?	mózhete li da mi preporátschate dobár lékar?	Можете ли да ми препоръчате добър декар?
Hier tut es weh.	tuk me bolí.	Тук ме боли.

Bank

Wo gibt es bitte … … eine Bank? … eine Wechselstube? Ich möchte … DM (Schilling, Schweizer Franken) in Leva wechseln.	mólja, kadé ima … … bánka? … tschejndsch? ískam da obmenjá … márki (schílinga, schwejzárski fránka) sa léwowe.	Моля, къде има … … банка? … чейндж? Искам да обменя … марки (шилинга, швейцарски франка) за левове.

Post

Was kostet … … ein Brief … eine Postkarte nach Deutschland?	kólko strúwa … … pissmó … póschtenska kártitschka	Колко струва … … писмо … пощенска картичка до Германия?

Zahlen

0	núla	нула		
1	ednó	едно		
2	dwe	две		
3	tri	три		
4	tschétiri	четири		
5	pet	пет		
6	schest	шест		
7	ssédem	седем		
8	óssem	осем		
9	déwet	девет		
10	désset	десет		
11	edinájsset	единайсет		
12	dwanájsset	дванайсет		
13	trinájsset	тринайсет		
14	tschetirinájsset	четиринайсет		
15	petnájsset	петнайсет		
16	schestnájsset	шестнайсет		
17	ssedemnájsset	седемнайсет		
18	ossemnájsset	осемнайсет		
19	dewetnájsset	деветнайсет		
20	dwájsset	двайсет		
21	dwájsset i ednó	двайсет и едно		
30	tríjsset	трийсет		
40	tschetírijsset	четирийсет		
50	pedessét	петдесет		
60	schejssét	шейсет		
70	ssedemdessét	седемдесет		
80	ossemdessét	осемдесет		
90	dewedessét	деветдесет		
100	sto	сто		
101	sto i ednó	сто и едно		
200	dwésta	двеста		
300	trísta	триста		
400	tschétiristotin	четиристотин		
Weitere Hunderter (wie 400) mit »stotin«				
1000	chiljáda	хиляда		
2000	dwe chíljadi	две хиляди		
10 000	désset chíliadi	десет хиляди		
1/2	edná polowína	една половина		
1/4	edná tschétwart	една четвърт		

Меню
Speisekarte

Закуска · FRÜHSTÜCK

Чай	tschaj	Tee
Мляко	mljáko	Milch
Кисело мляко	kísselo mljáko	bulgarische Sauermilch
Кафе	kafé	Kaffee
Какао	kakáo	Kakao
Бял/черен хляб	bial/tschéren chliap	Weiß-/Schwarzbrot
Припечен хляб	pripétschen chliap	Toast
Кифла	kífla	eine Art Hörnchen
Масло	massló	Butter
Мед	med	Honig
Конфитюр …	konfitjúr	Konfitüre
Сладко	ssládko	bulgarische Konfitüre mit Fruchtstücken
Яйце/яйца	jajzé/jajzá	Ei/Eier
Сирене	ssírene	weißer Käse
Извара	iswára	Quark
Салам	ssalám	Salami

Ордьовър · VORSPEISEN

Яйце с хайвер	jajzé s chajwér	Ei mit Kaviar
Луканка	lukánka	bulgarische Spezialwurst
Шпеков салам	schpékof ssalám	Speckwurst
Омлет	omlét	Omelett
… с шунка	… s schúnka	… mit Schinken
Кашкавал	kaschkawál	Balkan-Schafskäse
Бульон	buljón	Brühe
Супа	ssúpa	Suppe
говежда супа	gowézhda ssúpa	Rindersuppe
пилешка супа	píleschka ssúpa	Hühnersuppe

Месо · FLEISCH

Месо	messó	Fleisch
… говеждо	gowézhdo	Rind …
… свинско	sswínsko	Schweine …
… телешко	téleschko	Kalb …
… агнешко	ágneschko	Lamm …
варено	wáreno	gekocht
печено	pétscheno	gebacken
на скара	na skára	am Spieß gebraten
Котлет	kotlét	Kotelett
Шницел пане/натюр	schnízel pané/natjúr	paniertes Schnitzel/ Schnitzel natur
Пиле	píle	Hähnchen

Риба — FISCH

Български	Транскрипция	Deutsch
Пъстърва	pastárwa	Forelle
Селда	sélda	Hering
Съмга	sjómga	Lachs
Есетра	essétra	Stör
Скумрия	skumríja	Makrele

Зеленчуци, салати и гарнитури — GEMÜSE, SALATE UND BEILAGEN

Домати	domáti	Tomaten
Чушки	tschúschki	Paprika
Краставици (кисели)	krástawizi (kísseli)	Gurken (saure)
Зеле	séle	Kraut
Морков	mórkof	Möhre
Патладжан	patladzhán	Aubergine
Салата ...	ssaláta ...	Salat
... от домати	... ot domáti	Tomaten ...
... от краставици	... ot krástawizi	Gurken ...
... от марули	... ot marúli	grüner ...
Мешана салата	méschana ssaláta	gemischter Salat
Картофи	kartófi	Kartoffeln
варени/пържени	wáreni/párzheni	gekocht/gebraten
Ориз	orís	Reis
Фасул	fassúl	Bohnen
Пита/Питка	píta/pítka	Fladenbrot

Десерти — DESSERT

Палачинки	palatschínki	gefüllte Pfannkuchen
Пудинг	púdink	Pudding
Пасти	pásti	Törtchen
Сладолед	ssladolét	Eis
шоколадов	schokoládof	Schokoladeneis
плодов	plódof	Fruchteis

Спиртни напитки — ALKOHOLISCHE GETRÄNKE

Бира	bíra	Bier
бяло вино	bjálo wíno	Weißwein
червено вино	tscherwéno wíno	Rotwein
Сливова ракия	sslíwowa rakíja	Pflaumenschnaps
Гроздова ракия	grósdowa rakíja	Branntwein aus Trauben
Мастика	mastíka	Anisschnaps

Безалкохолни напитки — ALKOHOLFREIE GETRÄNKE

Български	Транскрипция	Deutsch
Минерална вода	minerálna wodá	Mineralwasser
Плодов сок	plódof ssok	Obstsaft
Лимонада	limonáda	Limonade
Кока-кола	kokakóla	Coca-Cola

Reiseatlas Bulgarien

Die Seiteneinteilung für den Reiseatlas finden Sie
auf dem hinteren Umschlag dieses Reiseführers

Mit freundlicher Unterstützung von

kein urlaub ohne holiday autos

es gibt viele gute gründe, weshalb sie nie ohne einen ferienmietwagen von holiday autos urlaub machen sollten. hier sind einige davon:

unabhängig und flexibel. als broker verfügen wir über keinen eigenen fuhrpark sondern arbeiten an jedem urlaubsziel mit den optimalen und zuverlässigsten autovermietungen zusammen. entscheidend bei der auswahl der vermieter ist die qualität, der service und die preisstruktur der angebote.

überall günstig. als weltweit führender vermittler haben wir zugriff auf ferienmietwagen in über 80 ländern, mit mehr als 4.000 stationen. dadurch sind wir in der lage, äußerst attraktive preise für sie auszuhandeln.

ab sofort übernehmen wir auch die landesübliche selbstbeteiligung, sofern ein regulierungsfähiger versicherungsfall nach den jeweiligen landesbestimmungen vorliegt. somit können wir ihnen noch mehr für ihr geld bieten.

buchbar über ihr reisebüro, unter www.holidayautos.com oder unter 0180 5 17 91 91 (24pf/min)

kein urlaub ohne **holiday autos**

LEGENDE REISEATLAS

le Mans-Est ④	Autobahn mit Anschlussstelle Motorway with junction
Datum, Date	Autobahn in Bau Motorway under construction
Datum, Date	Autobahn in Planung Motorway projected
Ⓡ	Raststätte mit Übernachtungsmöglichkeit Roadside restaurant and hotel
Ⓡ	Raststätte ohne Übernachtungsmöglichkeit Roadside restaurant
Ⓔ	Erfrischungsstelle, Kiosk Snackbar, kiosk
Ⓣ Ⓐ	Tankstelle, Autohof Filling-station, Truckstop
	Autobahnähnliche Schnell-straße mit Anschlussstelle Dual carriage-way with motorway characteristics with junction
	Straße mit zwei getrennten Fahrbahnen Dual carriage-way
	Durchgangsstraße Thoroughfare
	Wichtige Hauptstraße Important main road
	Hauptstraße Main road
	Sonstige Straße Other road
	Fernverkehrsbahn Main line railway
	Bergbahn Mountain railway
••••••	Autotransport per Bahn Transport of cars by railway
	Autofähre Car ferry
— — —	Schifffahrtslinie Shipping route
	Landschaftlich besonders schöne Strecke Route with beautiful scenery
Routes des Crêtes ••••••	Touristenstraße Tourist route
••••••	Straße gegen Gebühr befahrbar Toll road
X X X	Straße für Kraftfahrzeuge gesperrt Road closed to motor traffic
┤┤┤┤	Zeitlich geregelter Verkehr Temporal regulated traffic
◄—— 15%	Bedeutende Steigungen Important gradients

Kultur
Culture

★★ **PARIS** ★★ *la Alhambra*	Eine Reise wert Worth a journey
★ **TRENT0** ★ *Comburg*	Lohnt einen Umweg Worth a detour

Landschaft
Landscape

★★ **Rodos** ★★ *Fingal's cave*	Eine Reise wert Worth a journey
★ **Korab** ★ *Jaskinia raj*	Lohnt einen Umweg Worth a detour
❋ ❦	Besonders schöner Ausblick Important panoramic view
	Nationalpark, Naturpark National park, nature park
	Sperrgebiet Prohibited area
4807 ▲	Bergspitze mit Höhenangabe in Metern Mountain summit with height in metres
(630)	Ortshöhe Elevation
⛪	Kirche Church
	Kirchenruine Church ruin
	Kloster Monastery
	Klosterruine Monastery ruin
	Schloss, Burg Palace, castle
	Schloss-, Burgruine Palace ruin, castle ruin
	Denkmal Monument
	Wasserfall Waterfall
	Höhle Cave
	Ruinenstätte Ruins
•	Sonstiges Objekt Other object
△	Jugendherberge Youth hostel
🏖 🏄	Badestrand · Surfen Bathing beach · Surfing
🤿 🎣	Tauchen · Fischen Diving · Fishing
✈	Verkehrsflughafen Airport
⊕ ⊕	Regionalflughafen · Flugplatz Regional airport · Airfield

|————————— 20 km —————————|

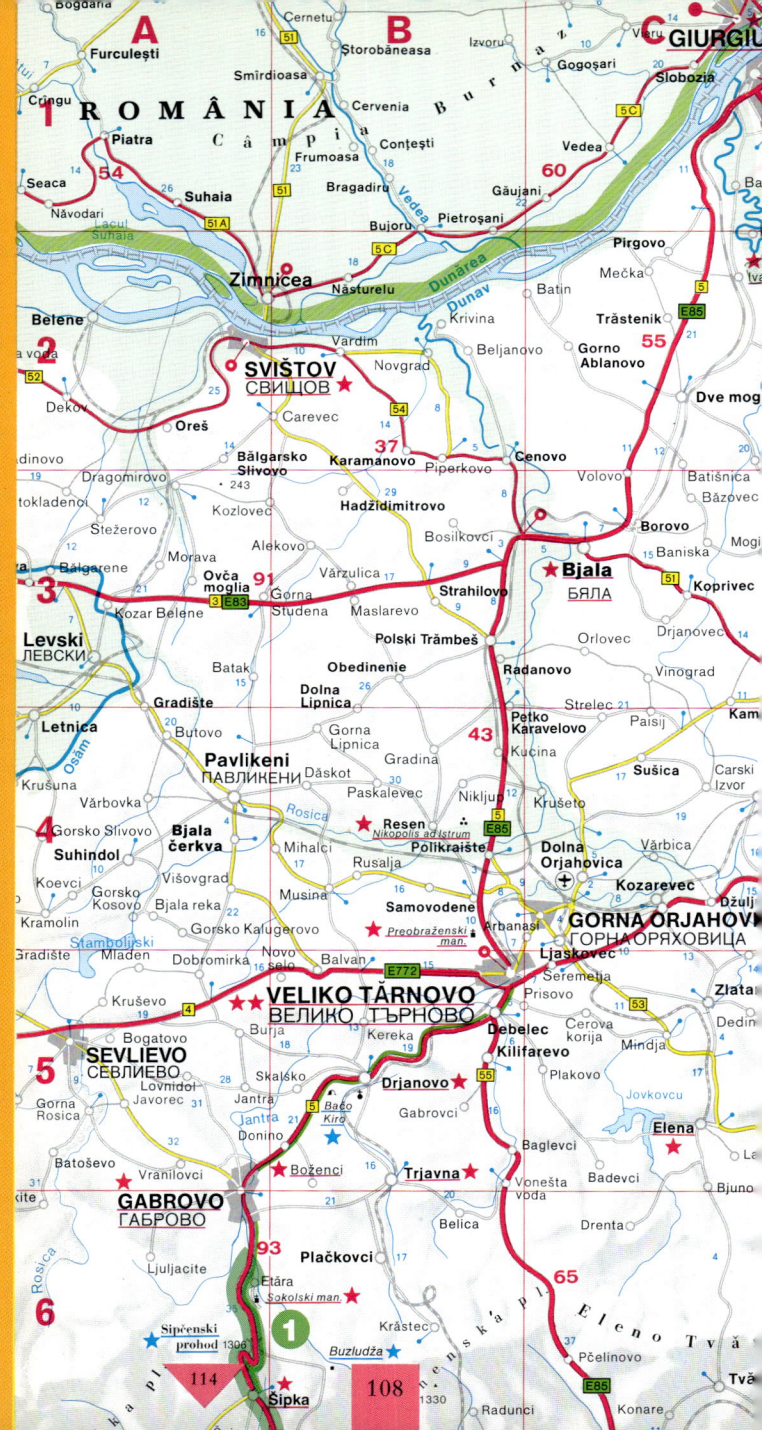

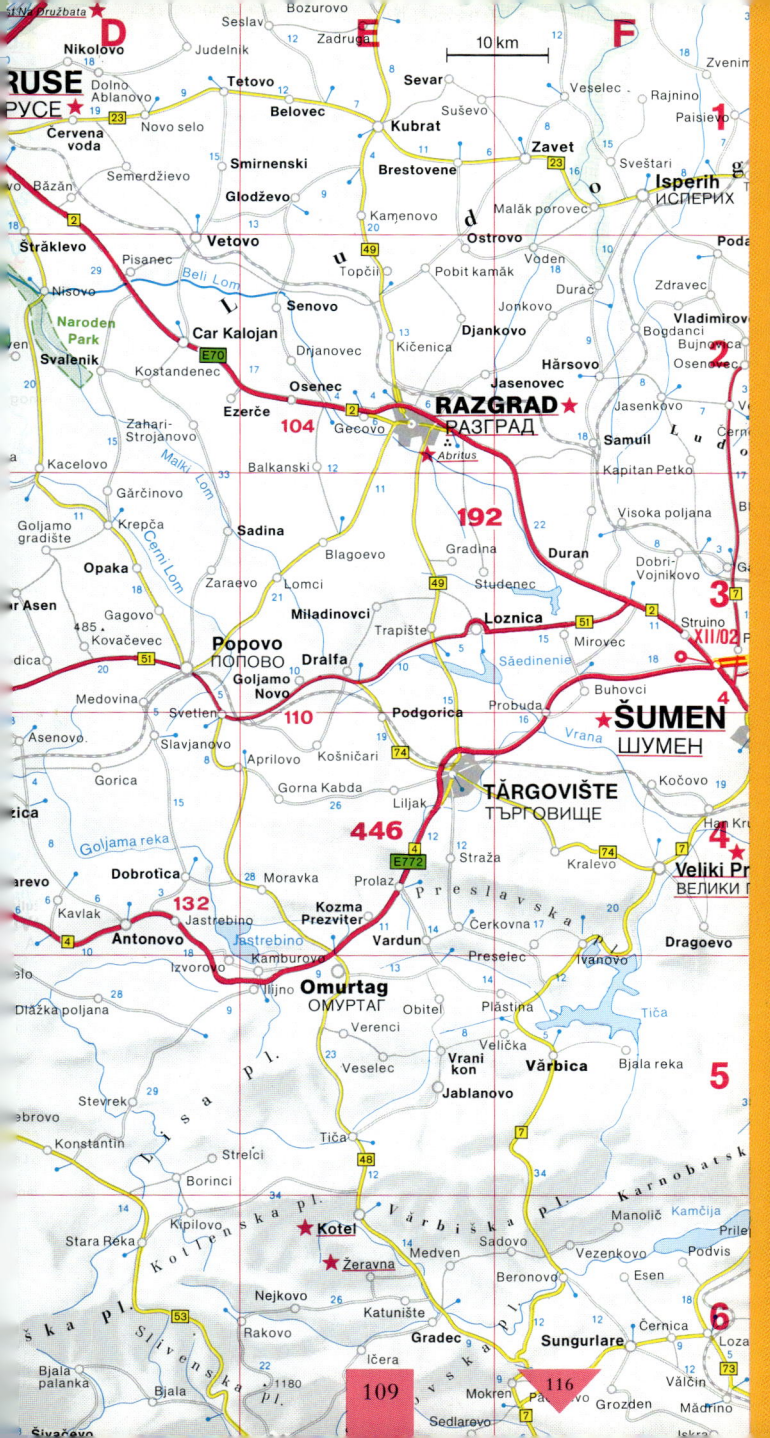

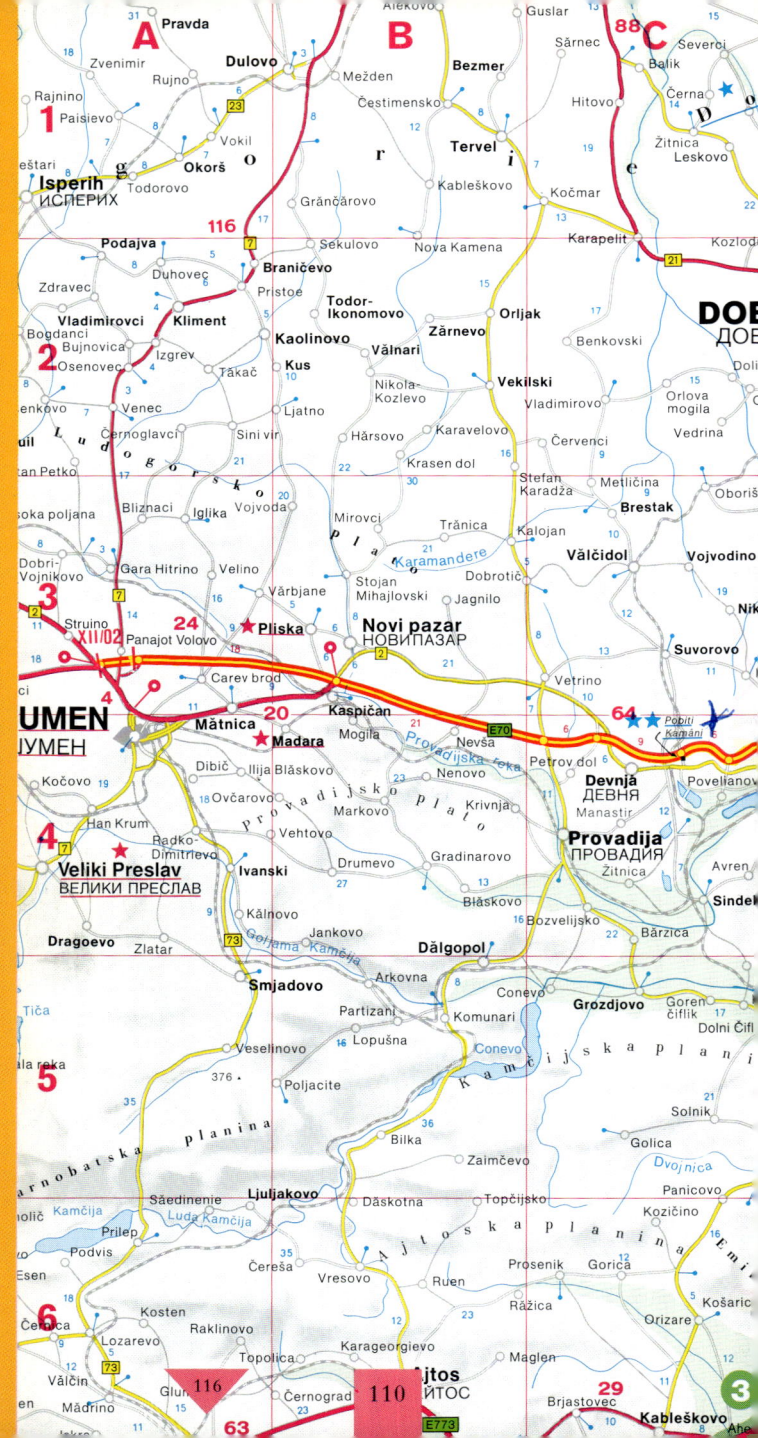

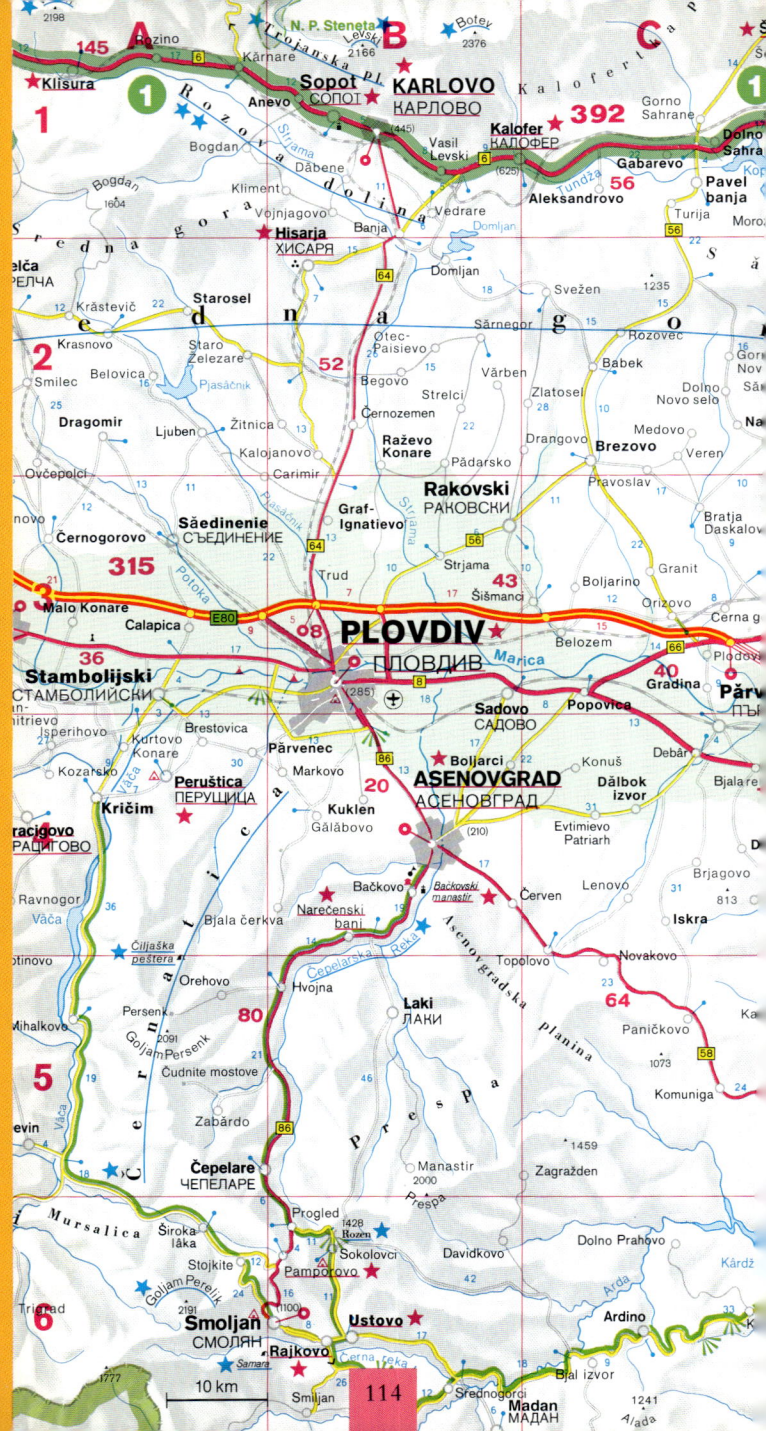

kein urlaub ohne
holiday autos

alles inklusive. bei unseren preisen dürfen sie gern genauer hinschauen. die sind nämlich alles inklusive. d.h.: keine zuschläge, keine überraschungen – ihr endpreis steht von anfang an fest.

ausgezeichnet. im november 2000 wurden wir zum vierten mal in folge mit dem von „association of american editors" vergebenen „world travel award" ausgezeichnet: für unsere leistungen als weltweit führender ferienmietwagenvermittler.
und als wäre das noch nicht genug, kürten uns die leser der zeitschrift „globo", heft märz 2000, auch noch zum besten in der autovermietung.

sie sehen, es spricht einiges für den weltweiten marktführer unter den ferienmietwagenvermittlern.

buchbar über ihr reisebüro,
unter www.holidayautos.com
oder unter 0180 5 17 91 91 (24pf/min)

REGISTER

In diesem Register finden Sie alle Orte und Ausflugsziele. Halbfette Seitenzahlen verweisen auf den Haupteintrag, kursive auf ein Foto.

Was bekomme ich für mein Geld?

 Währungseinheit ist der Lev (Mehrzahl: Leva). Seit 1997 ist der Lev fest an die DM gebunden, seit Juli 1999 entspricht ein Lev einer DM, also etwa einem halben Euro. Ob nach dem endgültigen Übergang zum Euro die Anbindung des Lev an diesen übertragen wird, stand bei Redaktionsschluss noch nicht fest. Kursschwankungen sind jedenfalls seit der Anbindung nicht mehr aufgetreten. Bitte denken Sie daran, dass Geldwechseln nur in Bulgarien selbst erlaubt ist.

Nach wie vor sind die Preise für Touristen aus dem Westen ausgesprochen niedrig, sieht man einmal von den Hotels in den Großstädten und touristischen Zentren und den ausländischen Leihwagen ab. Privatquartiere bekommt man schon für 5–10 Euro die Nacht, und in den meisten Hotels zahlt man weit weniger als 50 Euro für ein Doppelzimmer. Ganz besonders preiswert sind auch die Restaurantbesuche, wo man durchaus für umgerechnet 5 Euro schon gut satt werden kann und selten mehr als 15 Euro pro Person am Abend inklusive Getränke berappen muss. Das niedrige Preisniveau aus der Sicht des Reisenden gilt für öffentliche Verkehrsmittel ebenso wie für Museen (wo der Eintritt selten mehr als 2 Euro kosten wird) wie auch für die Verpflegung.

Einige Preisbeispiele: 1 kg Rinderbraten kostet 3–4 Euro, 100 g Hartwurst knapp 1 Euro, 1 kg Schafskäse 2–2,50 Euro, 1 kg Brot 25 Cent, 1 l Milch 60–90 Cent. 1 Flasche Wein kostet zwischen 1 und 3 Euro, 1 kg Äpfel 50 Cent, 100 g Schokolade 60 Cent, 1 Flasche Whisky 9–13 Euro, ein halber Liter bulgarischer Weinbrand 1,80 Euro, 20 bulgarische Zigaretten 30–50 Cent, 20 westliche 1,20 Euro. Relativ preiswert sind auch Bücher und moderne Kunst.

In einem der besseren Cafés wird der Kaffee etwa 40 Cent kosten, der Fruchtsaft 30–40 Cent, das Mineralwasser 20 Cent, ein Whisky 1–2 Euro, ein Stück Torte 60–80 Cent. Für den kleinen Hunger zwischendurch gibt es die *banička* (Blätterteigtasche mit Schafskäse) für weniger als 20 Cent.

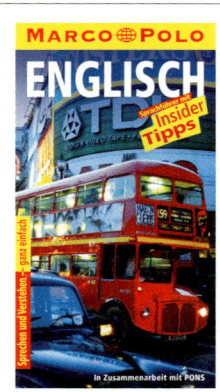